DUTCH OVEN COOKING PERFECT MANUAL

ダッチオーブンクッキング

アウトドア万能鍋使いこなし完全マニュアル

LET'S TRY
DUTCH OVEN
COOKING!

使い方自由自在…なんでも作れる

アウトドア万能鍋

ダッチオーブンは、
アウトドア万能鍋。

焼く、煮る、蒸す、炊く、揚げる、薫製。
６つの調理法を難なくこなし、
料理の幅を広げてくれる。

焚き火で、炭火で、バーナーで。
そしてじつは、
家庭のコンロでも使えてしまう。
いつでも、どこでもダッチオーブン！

分厚い鋳鉄でできたこの鍋は、
とっても便利なマルチクッカー。

MULTI
COOKER!!

ダッチオーブンは、
不思議な鍋。
使えば使うほど味が出る。
使い込むほどに黒く輝く。

素材のうまみを十二分に引き出し、
そのうまみは決して逃すこともない。

手間を掛けずに、
料理をおいしく仕上げてくれる。
それはまるで、魔法みたい！

だから、ダッチオーブンは
“魔法の黒鍋”とも言われている。

簡単においしい料理が作れる

魔法の黒鍋

CONTENTS

CONTENTS

RECIPE 1

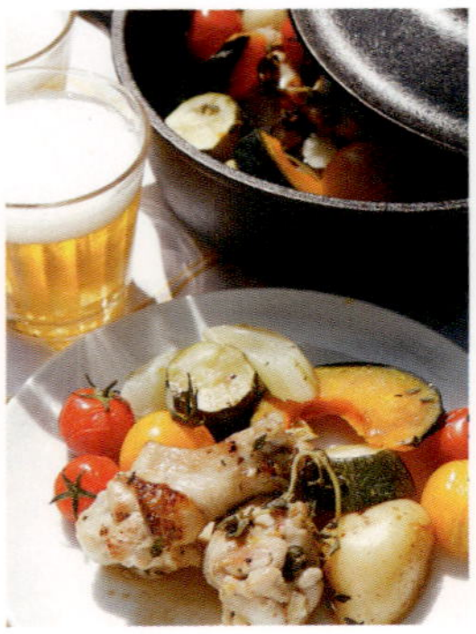

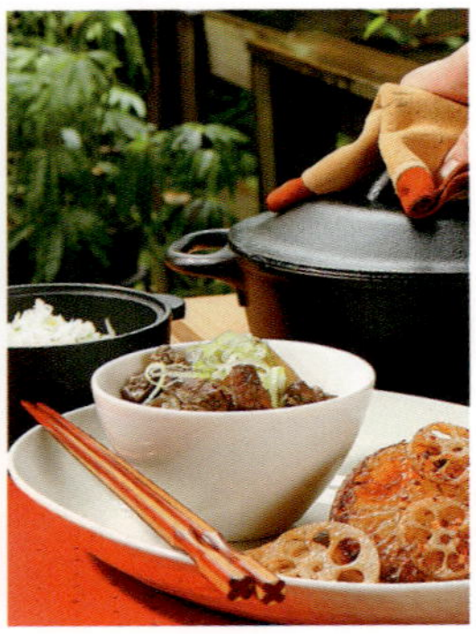

RECIPE 2

RECIPE 3

RECIPE 4

RECIPE 5

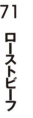

CHAPTER 1

買って後悔しない

ダッチオーブンの賢い選び方

自分に合った鉄鍋を選ぼう

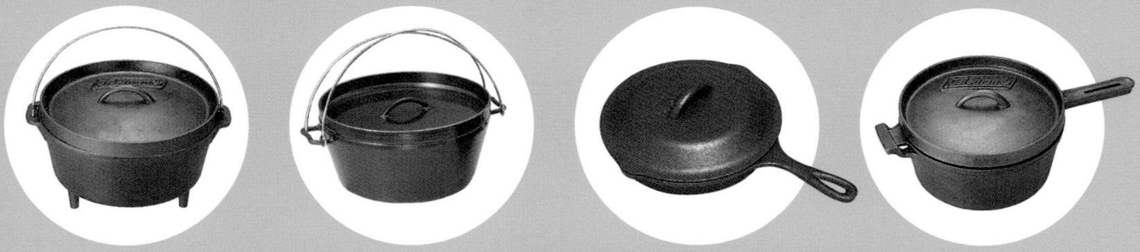

ダッチオーブンには、じつはいろいろな種類がある。
一番いいダッチオーブンは、人によって違う。
基本的性能とそれぞれの特徴と弱点を知って、
自分の"ダッチ・スタイル"に合ったものを選ぼう。

食材の魅力を引き出す“魔法の黒鍋”

ダッチオーブンの構造と特徴を知ろう

いまやキャンパーのみならず、一般にも広くその実力が知れ渡ったダッチオーブン。さまざまな調理法が可能で、手間が掛からず料理を楽しめるアウトドア万能鍋の魅力を知ろう。

鉄鍋を持ち上げる頑丈な取っ手

鋳鉄製の重いダッチオーブンに食材を入れると、想像以上の重さに。そんな鍋を支えるのがこの頑丈な取っ手。吊るして調理するときにも活躍してくれる。

ぶ厚い鋳鉄製ボディー

ダッチオーブンのほとんどが鋳鉄製。厚みがあるので、熱が全体に均等に伝わっていき、火から離しても蓄熱性が高いため、食材が冷めにくいという利点もある。

焚き火に置くのに便利な脚

焚き火や炭火に鍋を載せ、炭が崩れたときに一緒に鍋が転倒するのを脚が防いでくれる。ゴトクが脚代わりになるタイプもある。

“アウトドア万能鍋”ダッチオーブンは1台6役のマルチクッカー

煮込み料理は下火だけでOK

ダッチオーブンは、鍋全体に熱が伝わり冷めにくいので、じっくり煮込むのに最適。ある程度下火で熱を加えてフタをすれば余熱だけでも十分煮込める。

均一に熱が伝わり焼きムラなし

密閉性が高く、上下火ができるので、本格オーブン料理が可能。全体に熱が伝わるので、焼きムラもできにくい。

キャンパーに愛される魔法の黒鍋ダッチオーブン

鋳鉄製のダッチオーブンは熱伝導率が高く、保温性に優れているのが最大の特徴。また、フタを用いることで内部圧力が上がり、あらゆる料理に対応。焼く、煮る、蒸す、炊く、揚げる、薫製と1台で6役をこなす。名前の由来は「オランダ商人が熱心に売り歩いた鉄鍋」だったと言われ、西部開拓時代のアメリカを経由し、日本へ。「魔法の黒鍋」「アウトドア万能鍋」など何通りもの愛称で呼ばれ、その独特な性質や高い機能性、味のある見た目も含めて、キャンパーたちから広く愛されている。

フタを開け閉めする持ち手

フタを開閉するときに使う頑丈な持ち手。調理中には、この持ち手も熱を持つので「リフター」という棒状の器具を使って開閉する。

重いフタが料理の幅を広げる！

フタの重量は約3kg。この重いフタと本体の隙間に水の膜ができ、密閉性をアップ。重量のあるフタは内部圧力を高め、さらに料理の幅を広げてくれる。

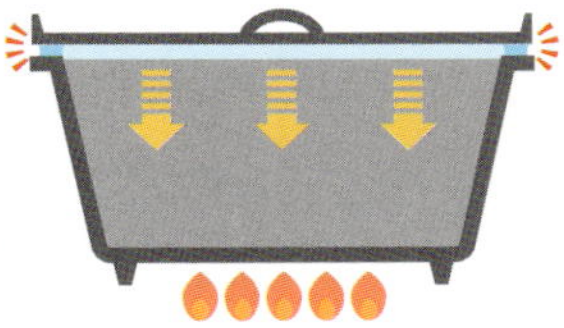

炭を落とさない2㎝のフランジ

フタの周囲にある高さ2㎝ほどのフチが「フランジ」。このフランジが炭をフタに載せても落ちないようにしている。上炭を使っても安定した調理ができる。

サッと香りをつける熱薫に最適

スモークチップから出る薫煙を外に逃がさない密閉性の高さで、少量のチップでもOK。内部が高温になり、冷めにくいので熱薫にはピッタリ。

保温性の高さでフライもカラリ

内部の温度変化が少なく、保温性も高いので揚げ物がカラリと仕上がる。圧力機能をアップさせるフタを使えば、焦がすことなく芯まで熱が通る。

圧力機能が高くふっくらご飯に

重量のあるフタをしっかり閉めてご飯を炊くので、内部圧力が高くなり、ダッチオーブンならではのふっくらとしたおいしいご飯を炊くことができる。

食材の持つうまみを凝縮

高い密閉効果で、水を加えなくとも素材の持つ水分だけで蒸し上げることができる。素材の持つうまみが凝縮された味を楽しめる。

ダッチオーブンの種類❶「キャンプ・ダッチ」

キャンパーの必需品 キャンプ・ダッチの魅力！

脚付きで焚き火＆炭火の上に載せることができるダッチオーブンが「キャンプ・ダッチ」。焚き火＆炭火を楽しみつつ、料理ができるダッチオーブンは、大人の娯楽心に火をつけ、極上の料理を作り上げる魔法の鍋。炭火＆焚き火を使うアウトドアらしさと、1台で6役を担う便利さから、オートキャンパーの必需品とも言える人気ぶり。

特徴1 脚があるから炭の上にも置ける！

焚き火や炭火にダッチオーブンを載せたとき、燃えた薪や炭が焼け崩れても、転倒しないように開発された優れもの。この脚がアウトドアでも本格料理を楽しむことを実現してくれた立役者と言える。

特徴2 サイズ違いを用意して2段活用！

フタにフランジが付いているため、2段重ねで使うことができる。1段目の上炭が2段目の下炭の役割を果たす。一度に複数の料理を作ることができて便利。この方法なら何段でも重ねられるが、安全面を考慮すれば2段くらいが無難。

キャンプ・ダッチの使い方

焚き火台で使用 ○

脚を炭の間に入れ込めばバッチリ安定！

バーナーで使用 △

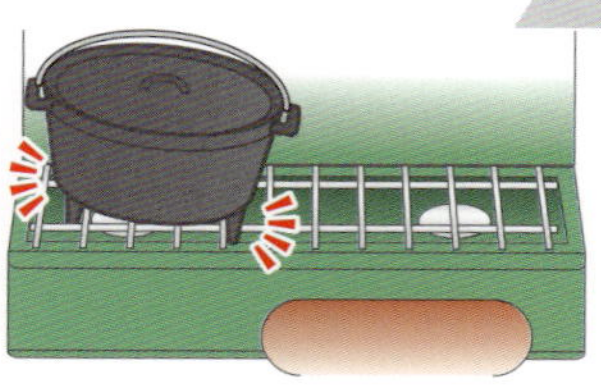

バーナーのゴトクによっては不安定に……

家のキッチンで使用 △

コンロの形状によるが一般的には不向き

Dutch Oven Collection

キャンプ・ダッチ コレクション

LODGE
ロジックキャンプオーブン 12インチDeep
右のロジックキャンプオーブン 12インチよりも底が深いモデル。丸鶏を使うときなど、豪快なダッチ料理に威力を発揮。重量感のあるフォルムも魅力！■価格：1万9000円（エイアンドエフ）

LODGE
ロジックキャンプオーヴン 12インチ
シーズニングが必要な本格派のダッチオーブン。あらゆる野外料理に大活躍してくれる12インチ。最初の一つにピッタリなスタンダードなタイプのキャンプ・ダッチ■価格：1万7000円（エイアンドエフ）

脚付きで炭火＆焚き火に載せることができ、2段重ねもできちゃうキャンプ・ダッチは、キャンパーの間で一番ポピュラーなダッチオーブン。アウトドアでの使用に威力を発揮。

炭火料理に最適なベーシックタイプ

COLEMAN
ダッチオーブンSF(10インチ)
サイズ、規格ともに最もポピュラーなタイプのダッチオーブン。重厚なフタが、密閉性を高めている■価格:9698円(コールマン ジャパン)

浅型と深型どれだけ違う?

大きさと同様に350mlの空き缶で比較してみると、10インチの浅型は350ml缶が入り切らず、頭の方が出ている状態。12インチの深型は350ml缶とほぼ同じ高さ。

10インチと12インチどれだけ違う?

350mlの空き缶で比較してみると、10インチは8本分の広さ。12インチは12本分入る。10インチと12インチでは、350mlの空き缶のサイズで4本分もの差がある。

SOUTH FIELD
ダッチオーブンセット 12インチ(オイル焼付)
リッドリフター、フタ置きにも活用できるゴトク付きでこの価格を実現したリーズナブルな鋳鉄のダッチオーブン。オイル焼き付きでシーズニング不要■実勢価格:6480円(ジャパーナ)

OIGEN
ダッチオーブン天火両手26㎝
鶏が丸ごと一羽入ることにこだわった深さ13.5cmのダッチオーブン。フタはひっくり返しても安定感があり、焼き物に使える。鉄鋳物製だが、シーズニング不要■価格:2万5000円(及源鋳造)

CHAPTER 1

ダッチオーブンの賢い選び方

ダッチオーブンの種類②「キッチン・ダッチ」

キャンプ・ダッチと違って脚がなく、底がフラットになっているキッチン・ダッチ。その名の通り、キッチンでも使いやすいため、キャンパーのみならず、一般にも人気が高い。

キッチン・ダッチは家でもアウトドアでも便利

キッチン・ダッチは、もとは家庭用のダッチオーブン。脚がなく、底がフラットになっているため、家庭用コンロでも扱いやすい。キャンプではツーバーナーなどに置け、炭火&焚き火以外の調理法が楽しめる。ゴトクが脚代わりになるタイプならキッチンでもアウトドアでも使えて便利。家でも外でもダッチ料理を楽しみたい人に最適。

オーブンがなくても、ダッチオーブンが1台あれば、こんなおいしそうなパンも焼くことができる。レストランシェフも驚きの本格料理が楽しめるのがダッチオーブンならではの魅力なのだ！

オススメ!

家でもダッチ料理を味わっちゃおう!

ダッチオーブンが1台あれば、料理のレパートリーは断然広がる。そしてその高い機能性によってプロ顔負けの本格料理を自宅で簡単に作ることができる。自宅のコンロでも、キッチン・ダッチならバッチリ安定使用が可能。家でも本格ダッチ料理を楽しもう。

キッチン・ダッチの使い方

焚き火台で使用 △

使用は可能だが、炭の上に載せると傾く

バーナーで使用 ○

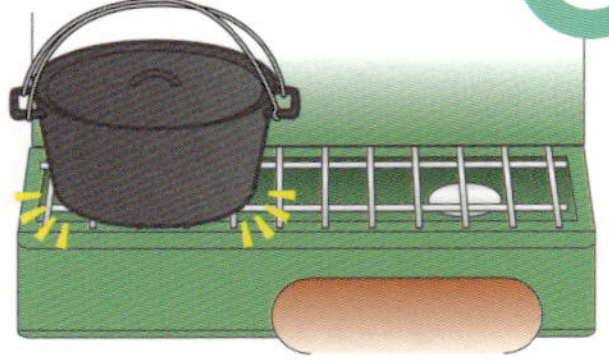

底がフラットなため、ゴトクの上で安定！

家のキッチンで使用 ○

コンロの上で、バッチリ調理可能。相性抜群。

Dutch Oven Collection

キッチン・ダッチコレクション

LOGOS
SLダッチオーブン12inch・ディープ（バッグ付き）
面倒なシーズニングが不要だからすぐに使えるダッチオーブン。料理の幅が広がる深型構造。キャリーバッグ付きで持ち運びも便利。
■価格：1万2300円（ロゴスコーポレーション）

CAPTAIN STAG
ダッチオーブン25㎝
シーズニングが必要な本格的なキッチン・ダッチ。メンテナンスを繰り返すことで、ブラックポットも目指せる。2本の取っ手で、安定して使用できる■価格：7500円（キャプテンスタッグ）

家でも使いやすい フラット底タイプ

特徴1 脚がないため底がフラット

底に脚はなく、フラットになっている。ここがキャンプ・ダッチと違うところ。脚がないから家庭のコンロでも安定して使える。アウトドアではツーバーナーなどでの使用に便利。

特徴2 焼き網の上でも調理可能！

底がフラットになっているから、焼き網に載せても安定感は抜群。バーベキューや網焼き料理を楽しみながらダッチ料理でプラス1品。アウトドアでの食事がぐっと華やかになる。

UNIFLAME
ダッチオーブン10インチ スーパーディープ
4.5㎜の極厚黒皮鉄板を使用した日本製のダッチオーブン。深型だから大きな地鶏のローストも可能。オール熱源対応だから、家庭でも安心して使用できる■価格：1万3519円（新越ワークス）

SOUTH FIELD
ダッチオーブンセット 10インチ（オイル焼付）
手間のかかるシーズニング不要だからすぐに使えて、初心者にもおすすめ。リッドリフター、フタ置きとしても使えるゴトク、収納ケース付き■実勢価格：5555円（ジャパーナ）

LODGE
サービングポット
シーズニング済みで長年使い込んだ物のように表面がコーティングされ、風格ある仕上がり。両手で安定して持ち運ぶことができ、家庭でも重宝するサイズ■価格：7300円（エイアンドエフ）

LODGE
ロジックキッチンオーヴン10 1/4インチ
シーズニング済みだから、従来のロッジよりも色が黒く仕上がっている。シーズニング不要だから、購入後すぐに調理可能。初心者でも扱いやすい■価格：1万1500円（エイアンドエフ）

ダッチオーブンの種類③「スキレット＆コンボクッカー」

ダッチオーブンの魅力はそのままに、フライパンのように片手でも扱えるのがスキレットとコンボクッカー。脚がないので、ツーバーナーや家庭用のコンロでも大丈夫。

“使い勝手抜群！ フライパン型ダッチ”

スキレット

LODGE
ロジック９インチスキレット
シーズニング済み。購入後、お湯でさっと洗えば使える。スキレットカバーの裏面に突起があり、食材から蒸発したうまみを雨のように降らせるベイスティング機能あり■価格：4000円（エイアンドエフ）
※本体のみ。フタは別売り。

コンボクッカー

LODGE
ロジック コンボクッカー
慣らしが不要なため初心者・女性にオススメ。フタ部のスキレットが新しく深型となり、よりクッキングの幅が広がる。スキレットと片手鍋が一体になった万能調理器。IH対応。■価格1万600円（エイアンドエフ）

Dutch Oven Collection

スキレット＆コンボクッカーコレクション

スキレット

CAPTAIN STAG
スキレット20㎝
最もスタンダードな鋳鉄製のスキレット。同サイズのスキレットカバー（フタ）は別売り。シンプルデザインだから、初めてでも扱いやすい■価格：2800円（キャプテンスタッグ）

コンボクッカー

CAPTAIN STAG
ダッチオーブン コンボクッカー25cm
食材の旨味を外に逃がさずに、短時間で芯まで熱の通ったおいしい料理が完成。ダッチオーブンとしてだけでなく、フタはフライパンとしても使え、アウトドア料理のレパートリーが更に広がる。■価格：7500円（キャプテンスタッグ）

スキレット

本格派にこだわりつつも片手で扱える手軽さがウリ

ダッチオーブンにハマったベテランキャンパーたちの間で、にわかに人気上昇中なのがスキレット。この「フライパン形ダッチオーブン」は深さこそないが、取っ手が付いていて扱いやすいのが魅力。底には脚がなく、フラットなので、ツーバーナーでの使用に最適。家庭の台所でも扱いやすい。どこでも本格的な味を楽しみたい人にピッタリだ。

特徴1 深さはダッチの1/2～1/3！

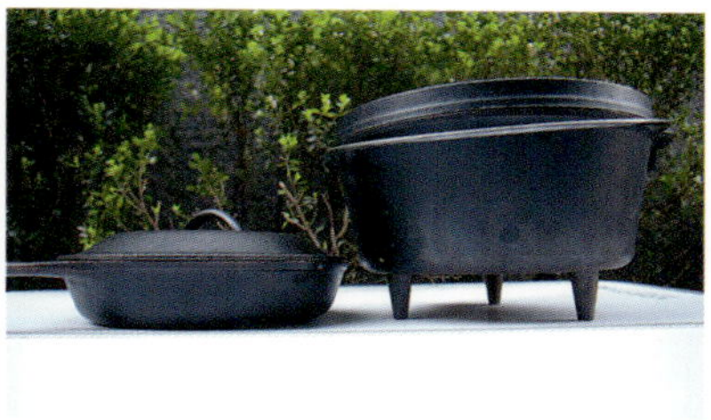

ダッチオーブンもスキレットも、モデルによって深さは異なる。しかし、ほとんどのケースで、ダッチオーブンはスキレットよりも2～3倍深い造りになっている。

特徴2 ツーバーナーでの使用に最適！

底に脚がなくフラットなので、焚き火や炭火よりもツーバーナーでの使用に最適。片手で扱える手軽さもうれしい。フライパンと同じ感覚で使える。

コンボクッカー

ダッチオーブンとスキレットの最強コンビ！

小型のダッチオーブンとスキレットが合体した、最強コンビ。ポット本体には片手で持てる取っ手が付いている。一方、フタにあたる部分はスキレットになっており、そのままフライパンのように使える。本体はダッチオーブンとして、フタ部分はスキレットとして使えばメニュー倍増！ 1台で2度おいしいのが、コンボクッカーの最大の魅力だ。

特徴1 2つの調理器具が1つに合体！

小型ダッチオーブンとスキレットが合体したのがコンボクッカー。最近ではそのコンビにさらにフタが加わり、3つに分離可能なモデルも増え、多彩な料理が同時に楽しめる。

特徴2 片手鍋とスキレット2つを同時使用可能

片手鍋とスキレットで調理ができるから、同時に2品作ることができる。深型と浅型の2つのスキレットとして使い分けることもできる。レパートリーが広がること間違いなし！

スキレット・コンボクッカーの使い方

焚き火台で使用 △

底がフラットなため工夫が必要

バーナーで使用 ○

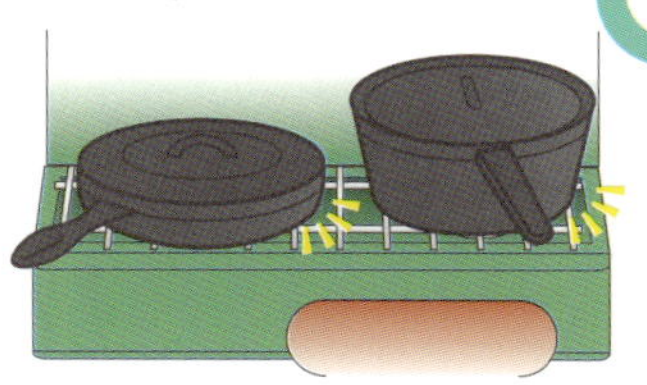

相性抜群！ 安心して使える

家のキッチンで使用 ○

スキレット、コンボクッカー共に快適

UNIFLAME
スキレット 10インチ
ブラックスキン（黒皮鉄板）3.2mm厚を使った本格スキレット。フタは2mm厚の黒皮鉄板を使用。アウトドアはもちろん、家庭でも活躍する鉄製フライパン■価格：4900円（新越ワークス）

COLEMAN
クラシックアイアンスキレット
蒸し調理に便利なフタつきの鋳鉄製スキレット。フタ裏のリベットにより水分が食材に均等に落ち、旨味を逃がさない。面倒なシーズニング不要。■価格：6458円（コールマン ジャパン）

ダッチオーブンの種類④
「ユニーク・ダッチ」

人気沸騰中のアイテムだけに、現在はさまざまなカタチのモデルが登場。もはや「ダッチオーブンの定義」だけに留まらない。アナタならどのタイプのダッチを使ってみたい？

異形 ダッチオーブン

普通のダッチとは一風変わった四角や楕円のダッチオーブン。このカタチだからこそ活かされる料理があり、魅力がある！

両面焼きも
可能にする
便利なフタ

LODGE
ダブルダッチオーブン
フタが一般的なものより深く、持ち手や取っ手の代わりに左右にループハンドルを装備。フタを使った調理がしやすく、本体と一緒に逆さまに使用して、両面焼き料理も可能だ■価格：1万1800円（エイアンドエフ）

フタと本体
二刀流で
レシピ倍増

IWACHU
パン焼器
南部鉄器は熱をじっくりパン生地に伝えるため、家庭のガスレンジでもふっくらとしたドーナツ状のパンが焼ける。フタはひっくり返して使用すれば、鉄板としても使用できる。■価格：5800円（岩鋳）

スモーカー
にもなる
ダッチ
オーブン

LOGOS
LOGOSの森林 スモークポット
スモーカーにもなるダッチオーブン。オーブンとしても使えるし、発煙したウッドを入れれば熱源なしで手軽に薫製も楽しめる。専用リッドリフター付き。■価格：9000円（ロゴスコーポレーション）

新素材 ユニークモデル

これまでのダッチオーブンのような鉄を使わず、新素材を採用したユニークモデルのダッチオーブンは扱いやすさ抜群。

銀色鉄鍋は
掟破りの
扱いやすさ

SOTO
ステンレス ダッチオーブン 10インチ ST-910

ステンレス鋼材をスピン加工で成型したダッチオーブン。錆びや衝撃に強く、とにかく丈夫。シーズニングの面倒もない。料理に油が浮かないから汁物もおいしい■価格:2万5000円(新富士バーナー)

CARBON
LOGOS

カーボンが
生み出す至
極の旨味
CARBON

LOGOS
プレミアム カーボン ダッチオーブン

遠赤外線放射量が最大といわれるカーボン素材のダッチオーブン。カーボンだから実現できる高い遠赤外線効果が、食材のおいしさを存分に引き出してくれる。■価格: 2万7000円(ロゴスコーポレーション)

家で使える
おしゃれ
スキレット

LODGE
エナメル ミニココット 2個セット 楕円型ブラック

伝統的なLODGEの鋳鉄製法をもとに作られた美しいブラックマットコーティングのココット。蓄熱性が高いため保温力、保冷力に優れ煮込み料理からマリネまで幅広いレパートリーを楽しめる。■価格:9200円(エイアンドエフ)

おしゃれに
カンタンに
ダッチ料理
LODGE

LODGE
エナメルシリーズダッチオーヴン9 3/4インチ レッド

本来の重厚な鋳鉄製の鍋にエナメルコーティングを施している。2層に硝子コーティングされたエナメルダッチオーブンは手入れもしやすい■価格:6500円(エイアンドエフ)

特殊機能付き
便利黒鍋

ダッチオーブンの人気とともに特殊機能が付いた便利なモデルも登場。一風変わった料理を楽しみたい人にオススメ！

いつでも
どこでも
おいしい
焼き芋

OIGEN
みよちゃんちの焼き芋鍋大
煙突が直火からの熱を鍋全体にいきわたらせる。突起の上に芋が乗るので、芋の下も熱風が通り抜ける構造。家庭でもアウトドアでも、ホクホクの焼芋が楽しめる。■価格：1万800円（及源鋳造）

CAMPERS COLLECTION
パワーダッチオーブン12
フタに持ち手とは別に3本の支柱を装備。裏返しても安定感があり、フタ自体が深いため、鍋料理なども楽しめる。2本の取っ手で安定感も◎■価格：9975円（山善）

フタに注目
表・裏
それぞれ便利

燕三条の技術
からできた
進化系
ダッチオーブン

SNOW PEAK
和鉄ダッチオーブン26
燕三条の技術からできた、薄く、軽く進化したダッチオーブン。ポット、スキレット、リッドの3つの構成からできている。■価格：2万5800円（スノーピーク）

ポット本体、スキレット、フタの厚さは食材の旨工を最大限に引き出す設計になっている

フタの裏で
ジンギスカン
も楽しもう

フタの裏側は中央が盛り上がり、放射状に溝が刻まれている

CAPTAIN STAG
ダッチオーブン30㎝＜ジンギスカンリッド＞
一見普通のダッチオーブンだが、フタの裏側を使って、ジンギスカン料理を楽しめる。月刊「ガルヴィ」の人気企画「アイデアコンテスト」から誕生したアイデア・ダッチ。■価格：1万4000円（キャプテンスタッグ）

特化型 鋳鉄製 クッカー

ダッチオーブンだけでなく、ニーズに合わせてさまざまな鋳鉄製のクッカーが続々登場。＋αとして欲しいアイテム！

グリルとスキレットに変身！

OIGEN

ダッチオーブン天火 片手グリルスキレット

フタの裏側が焼き肉用のグリルになっている。アウトドアでもキッチンでも気軽に楽しめる片手鍋タイプ。200VのIHクッキングヒーターにも対応■価格：1万9440円（及源鋳造）

2人のキャンプにピッタリ

SNOW PEAK

コンボダッチデュオ

2人用の料理が楽しくなるダッチオーブン。これひとつでおいしいご飯と3つの料理がつくれるバリエーションクッカー。軽くて薄い燕三条極薄鋳鉄だからできた逸品。■価格：2万3800円（スノーピーク）

IWACHU

ごはん鍋

フタの裏にある突起がベイスティング機能を発揮。吹きこぼれを防止し、うまみを封じ込める効果でふっくらおいしいごはんに■価格：1万260円～1万2960円（岩鋳）

ふっくらご飯＆おこげを堪能

朝食に最適ホットサンドはいかが？

OIGEN

天火ホットサンドメーカー

電気式とは違う、鉄ならではの重厚感をアウトドアで楽しめるホットサンドメーカー。朝食やおやつ作りに最適■価格：6000円（及源鋳造）

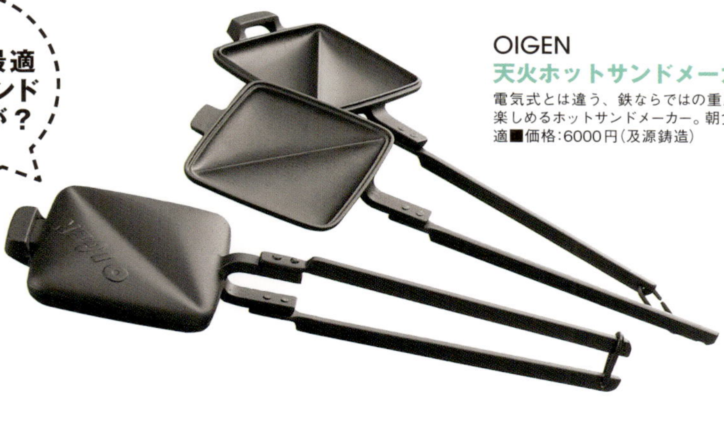

ダッチオーブンの種類⑤

「ちびダッチ」

手軽さで人気爆発！
超コンパクトタイプ

OIGEN
キャセロールラウンド
小さくてかわいい南部鉄器の鍋。ガス、オーブン、オーブントースターでの使用OK。鋳鉄だから保温性が高く、料理をおいしく温かく保ってくれる。そのまま食卓に出してもオシャレ。■価格:3780円（及源鋳造）

1人に1台ずつ用意して料理をそのまま食卓へ！

普通のダッチオーブンと比べるとずいぶんコンパクトな「ちびダッチ」。この一見使い道に困りそうなアイテムが、現在注目を集めている。小型ゆえ断然気軽に使え、ちょうど1人分の料理が作れる。小皿に取り分けることなく、鉄鍋ごと個々に配膳。手軽にもう1品プラスできる。

普通のダッチオーブンとの比較

深さ

深さは一目でハッキリ分かるほど違う。容積は4倍以上の差となるので、ちびダッチは、普通のダッチオーブンように大人数分の料理を作ることはできない。

大きさ

ちびダッチは小ぶりのカボチャ1個分ほどの大きさしかない。対して普通サイズのダッチオーブンは断然大きい。当然、食材を入れる量の違いも大きい。

Dutch Oven Collection

ちびダッチコレクション

UNIFLAME
ダッチオーブン6インチ スーパーディープ
底に脚のないキッチン・オーブン型だが、炭載せ、上火が可能。鋳鉄ではなく、3.2㎜厚の黒皮鉄板を使用。持ち手が2本だから安定感も抜群■価格:5370円（新越ワークス）

SNOW PEAK
コロダッチポット
りんご1個が入るスモールサイズのダッチ。米なら1合が炊ける。フタも容量があり、“焼く”に適していて、多彩な料理が可能。気軽に鉄鍋料理が楽しめる。■価格:7000円（スノーピーク）

1～2人分の料理を作る4～6インチほどの小さなダッチオーブン「ちびダッチ」。1人1台、自分用ダッチとして使うちびダッチは、見た目もかわいく、愛着のわく1台だ。

特徴1 加熱してそのままテーブルへ配膳！

シングルバーナーでも使えるし、バーベキューグリルなら一度に何個も並べて調理可能。食材の横で一緒に加熱し、もう1品プラスすることもできる。食材を入れて火に掛けたら、そのまま食卓に配膳できる手軽さはちびダッチならでは！　保温性が高いから、料理はずっとホカホカで冷めないのもうれしい。

食材を入れて…

加熱したら…

お待たせ～
そのまま
テーブルへ！

特徴2 少量だから1人1鍋！

ちびダッチは1～2人分の料理しか作れないので、1人1鍋が鉄則！　1人分の食材をちびダッチに入れて加熱したら、熱いうちにそのまま食卓へ！　1人分だから小皿に取り分けることなく、鉄鍋をそのまま各自に配膳する。そんなオシャレなスタイルが実現できるのはちびダッチだけ！

ちびダッチ使いこなしテクニック

家のキッチンにもジャストフィット

台所では大き過ぎて邪魔になりがちなダッチオーブン。ちびダッチならそんな煩わしさも解消。一般的なガスグリルで使用可能。小皿料理や酒のつまみ作りに◎。

フタを使ってもう一品追加！

普通のダッチオーブンと同じように、フタを使った調理も可能。ただし、フタのサイズがちびダッチサイズで小さいので、目玉焼きなど、挑戦できる料理は限られる。

フタに炭を乗せ上下加熱OK！

ちびダッチは普通のダッチオーブンと同様にフタの上に炭が置けるものが多く、上火調理が可能。ただし、キッチン・ダッチ形状のちびダッチなど、不向きなタイプもあるので注意。

ツーバーナーで使うときは…

ツーバーナーのゴトクは目が粗く、ちびダッチを載せるとグラついてしまう。ツーバーナーに載せて使うときには、焼き網を下に敷いてから使うと安定して加熱できる。

Check! "100スキ"もオススメ！

100円ショップで膨大なアイテムにまみれて売られている超小型スキレット。これが通称「100スキ」。ちびダッチよりもさらに気軽に使え、キャンパーの中でも愛用者が多い。

STAUB

STAUB
ピコ・ココット オーバル
楕円形フォルムのオーバル型。家庭のガスコンロはもちろん、IHクッキングヒーターにも対応。フタにセルフベイスティング構造あり■価格：1万2000円～（ストウブ）

STAUB

STAUB
ピコ・ココット ラウンド
おしゃれなストウブの鍋もダッチオーブン同様、鋳鉄製。フタの内側にあるピコと呼ばれる丸突起にはベイスティング機能があり、煮込み料理がおいしく仕上がる■価格：1万1000円～（ストウブ）

Dutch Oven Column

ダッチオーブンの歴史

大航海時代

オランダ商人が鉄鍋をアメリカへ持ち込む

1492年、アメリカ大陸にコロンブスが上陸したとき、鉄鍋を持っていったと言う。後の17世紀後半、商魂たくましいオランダ人が日用雑貨などを訪問販売で売り歩くなかに、古くからヨーロッパで重宝されてきた鋳物のフタ付き鍋があったとされ、それが普及したと言われている。

西部開拓時代

大陸横断の旅で鉄鍋を幌馬車に乗せて移動

1776年、アメリカが独立。自由に大陸を移動できるようになった。このとき、幌馬車に積んでいた鉄鍋がダッチオーブンの原型。当時、オーブンとして使えるヨーロッパ製の鉄鍋をダッチオーブンと呼んでいた。ウエスタン映画で有名な西部開拓時代を経て、アメリカで愛され続ける鍋に。

1896年

トップブランド「LODGE」が誕生！

1896年、ダッチオーブンのトップブランド「ロッジ」社が設立。100年以上の歴史がある鋳鉄製の鉄鍋は、ダッチオーブンファンの憧れ。ロジックシリーズやプロロジックシリーズなど、老舗という肩書きに安穏としていないのも「ロッジ」の魅力。現在も多くのキャンパーに愛され続けている。

LODGEは、現在でも人気ダッチオーブンのひとつ。現在のダッチオーブン人気の火付け役となったブランドだ

1990年～

日本のメーカーが製作・販売を開始

1990年代後半から、キャプテンスタッグなどの国内キャンプ用品メーカーによるダッチオーブンの製作・販売が始まる。手ごろな価格と豊富な流通経路により、ダッチオーブンの認知度が一気に高まることになった。オートキャンプ情報誌「ガルヴィ」では1992年に誌面初登場している。

CAPTAIN STAGのものは8000円程度から購入可能（スキレットは3000円以下！）

2000年～

南部鉄由来モデル登場 素材・形状が多彩に…

日本の鋳鉄と言えば南部鉄器。900年の歴史を持つ南部鉄の技術を用いて、2002年に「オイジン」と「オイゲン」が満を持して登場。この南部鉄器由来のモデルを皮切りに、素材、形状が利用者のニーズに応じてどんどん多彩になり、現在に至っている。

品質の良さで人気を集めたoijinダッチオーブン（現在は生産終了）

SNOW PEAK「コロダッチカプセル」は、p22の「コロダッチポット」のシリーズとして小型ユニークモデルを展開

DUTCH OVEN

CHAPTER 2

いつでも
どこでも

ダッチオーブン完全活用術

状況に応じた鉄鍋の使い方を知ろう

アウトドア万能鍋と言われるダッチオーブンは、
じつは、ちょっと工夫すれば家のキッチンでも使える。
さまざまな状況で調理可能で、作れる料理は無限大！
状況に合わせたダッチオーブン使用法を学ぼう。

使用前の「シーズニング」調理前にひと仕事

ダッチオーブンは使用前に事前準備が必要。出荷されるときに付けられた錆び止めワックスを落とす作業。これがシーズニング。シーズニングをしてダッチ料理の準備開始！

① 錆び止めを洗い落とす

ダッチオーブンは出荷時に錆び止めワックスが塗られている。これを重曹や洗剤を付けた柔らかいスポンジで洗い落として布で拭く。洗剤で洗うときはエコ洗剤を使うことを忘れずに。

② 加熱して油を塗る

バーナーや焚き火台で熱して、水気を完全に飛ばす。徐々に表面が青黒くなるので、これが全体に広がればOK。熱いうちにオリーブオイルなどの植物性の無塩油を布で塗り込む。

Check! ②～③の行程を2・3回繰り返す

調理前のシーズニングがダッチ使いの初めの一歩

ダッチオーブンを購入したら、まず初めにやらなければならないのが「シーズニング」という作業。ダッチオーブンは出荷時に錆び止めが塗られているので、使う前にまずコレを落とさなくてはならない。しかし、ワックスを落として洗いざらしにしたままでは錆びてしまうので、錆び止めの代わりに油を塗り込む必要がある。これがシーズニング（慣らし）を必要とする理由だ。錆びにくくなり、料理の焦げ付き防止にもなる。料理をした後も、毎回洗剤で洗う以外のこれらの作業を行う（メンテナンス）。この作業を繰り返すことによって、黒光りした「ブラックポット」に育っていくのだ。

シーズニングの際は、金属タワシを使うと傷付いてしまうので、必ずスポンジで洗うようにしよう。本体とフタの内側、外側、取っ手や脚も忘れずに。洗い流すときは、重曹や洗剤が残らないように水で十分に洗い流す。洗剤が残っていると錆びの原因にもなる。

シーズニングの注意ポイント

素手で触れない！

シーズニングのとき、ヤケドの危険があるため、火を使い始めたら必ずグローブを着用すること。鋳鉄製のダッチオーブンは驚くほど熱くなっているので、素手で触るのは危険！

オイルを入れ過ぎない！

オイルを塗り込むときは、ドボドボ入れ過ぎないよう注意しよう。オイルでギトギトになってしまう。ボロ布に含ませながら、少しずつ伸ばして塗り込んでいく。

裏や取っ手も忘れずに…

洗剤でワックスを洗い流すときやオイルを塗布する際、裏や取っ手、脚なども忘れずに。オイルを塗り忘れて脚や取っ手が錆びてしまった、なんてことは避けたい。

シーズニングを一度しただけでこんなに色が変わる。長年大事に使い続けると、さらに黒光りした深い色合いのブラックポットに！

③ 自然乾燥で熱を冷ます

オイルを塗ったら冷めるまで自然に乾燥するのを待つ。そして、乾燥したら再び熱して、オイルを塗り込む。加熱→オイルを塗る→乾燥の行程は、２～３回繰り返し行う。

④ 野菜を炒め鉄臭さ除去

鉄臭さが気になるときは、タマネギ、ネギ、セロリの葉など、香りの強い野菜のクズを炒める。こうすることで独特の鉄臭さが軽減される。クズ野菜は捨てるものでOK。

炭火を使って正統派ダッチスタイル

アウトドアマンなら、やっぱり炭火を使った正統派スタイルでダッチ料理を楽しみたい。炭火を制する者がダッチオーブンを制すると心得てヒートコントロールをマスターしよう。

焚き火台を使用する

焚き火台使用に最適なダッチオーブン

キャンプ・ダッチ

脚ありダッチは炭火料理に最適!

ダッチオーブンで炭火料理を楽しむなら、脚付きのキャンプ・ダッチが最適。炭が焼き崩れても安定しているから安心だ。

マストアイテム

焚き火台

炭火を楽しむなら焚き火台が◎。バーベキューコンロでも可能だが、ダッチオーブンの大きさを考えると、焚き火台の方がより安定して調理することができる。

炭火の扱いをマスターして正統派スタイルを楽しもう

焚き火（炭火）でダッチオーブン料理を作るときは、火加減のコントロールが重要になる。家のガスコンロやバーナーで作るのとは異なり、つまみをひねって火力調整……なんてことは不可能。焚き火（炭火）はなかなか火力が安定しないので、こまめに様子を見ることが大切だ。

焚き火の燃料として一般的なものは、練炭、木炭、そして薪。炭の粒子を固めて作られた練炭は、火持ちが良いのが魅力。火のコントロールが比較的容易なので、ビギナーには一番オススメ。木炭は火おこしが容易なのが特徴だが、火持ちはあまりよくない。大きさがバラバラなので、火力の調整にはやや経験が必要となる。よく燃える薪は焚き火には定番だが、燃え上がる炎では火力が強すぎて温度調整がしにくい。ダッチ料理では燃えて炭状のおき火にならないと使いづらい。その上、上火を利用したいときに薪はフタの上に置くには大きすぎるし、火持ちが悪く火力が安定しないため、結局練炭や木炭に頼ることになる。

炭火が安定し、火が落ち着いた状態の「おき火」になったらいよいよ調理開始。ダッチに秘められた実力をフルに発揮させるには、調理中の火力をコントロールする手腕が必要。火の状態を絶えず見守り、絶妙なさじ加減で手を加えていく。炭火の扱いを覚えて正統派ダッチスタイルを満喫しよう。

2段重ねはサイズ違いでトライ

炭火の使い方をマスターすれば、上火＆下火を使ったダッチオーブンの2段重ねも楽しめる。焚き火台＋キャンプ・ダッチの最強タッグに挑戦しよう！

薪や炭はキャンプ場で購入可能

薪や炭はアウトドアショップやホームセンターだけでなく、現地のキャンプ場でも購入可能。予約の際に確認しておくと便利。キャンプ場周辺ではコンビニなど意外な店で薪や炭を販売していることもある。

焚き火台が必要なワケ

ほとんどのキャンプ場で直火を禁止している。地面で直に火をおこすと土中の生態系を著しく壊してしまう。土が赤茶色く変化するのは、土が焼け、土中の微生物が死んでいる証拠。また、木が密集しているキャンプ場では木の葉に引火し、大規模な火災となる危険性も。焚き火台は自然に優しいアイテムなのだ。

焚き火台CATALOGUE

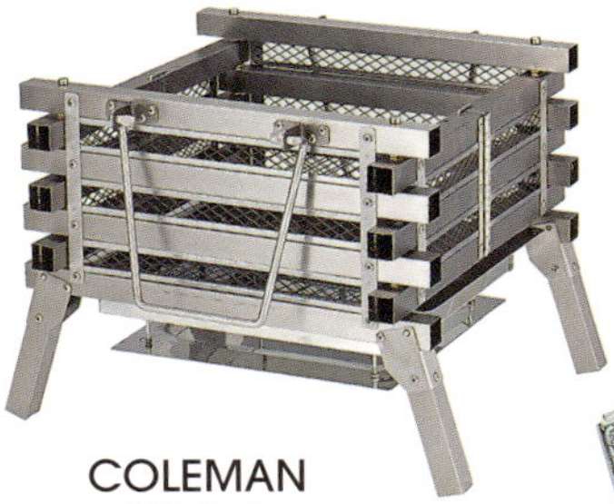

COLEMAN
ステンレス ファイアープレイスⅢ

料理もできるマルチユース焚き火台。空気の流れを作りやすく、燃焼効率の高い井げた式ボディ構造。コンパクトに収束することができ、持ち運びや収納に便利。収納ケース付き。■価格：１万8144円（コールマン ジャパン）

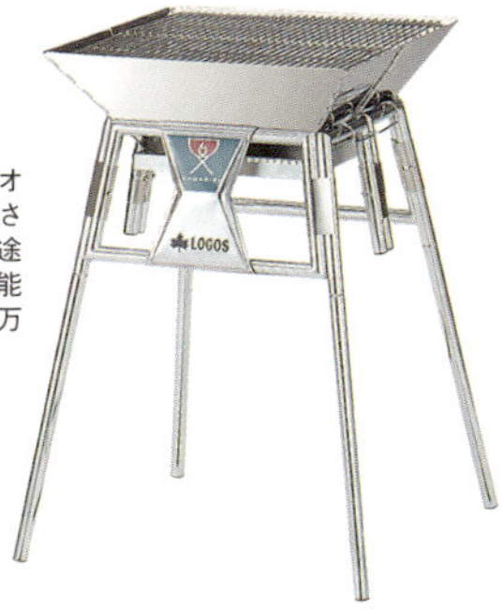

LOGOS
LOGOS KAGARIBI L

一台で焚き火とバーベキュー、ダッチオーブン料理の３つの使い方ができる。さらに、２段階に高さ調節ができ、用途が一層広がる。コンパクトに収納可能（キャリーバッグ付き）。■価格：１万9000円（ロゴスコーポレーション）

CAPTAIN STAG
ヘキサ ステンレス ファイアグリル

焚き火とバーベキューが楽しめる１台２役。錆びにくく丈夫なステンレス製で、スタンドと本体を広げてセットするだけの簡単設営。薄型コンパクト収納で、便利なキャリーバック付き。■価格：１万2000円（キャプテンスタッグ）

SNOW PEAK
焚火台L

ワンタッチで簡単に開閉でき、薄くコンパクトに収納できる携帯用のスタンド。便利なキャリングケース付き■価格：1万5600円（スノーピーク）

UNIFLAME
ファイアグリル

耐荷重が約20kgと丈夫な造りだからダッチ料理も安心して楽しめる。付属の焼き網を使えば、バーベキューも満喫できる■価格：5000円（ユニフレーム）

CHAPTER 2

ダッチオーブンの
完全活用法

バーナーを使って お手軽ダッチスタイル

バーナー類を使うと炭火調理と違って、火おこしや火力調整の手間がないのでぐっと簡単にダッチ料理が楽しめる。ときにはバーナーを使ったお手軽スタイルも取り入れよう。

ツーバーナーを使用する

マストアイテム

ツーバーナー

重いダッチオーブンを載せるには、安定感のあるツーバーナーが最適。バーナースタンドごと倒れる心配があるので、できるだけ低い位置にセットしよう。

ツーバーナー使用に最適なダッチオーブン

キッチン・ダッチ

スキレット

コンボクッカー

バーナーには底がフラットな脚なしが便利

キッチン・ダッチ、スキレット、コンボクッカーなど脚のない、底がフラットになっているタイプをセレクトしよう。バーナーを使うときに脚があると、ゴトクに脚がぶつかり、安定しないことがある。

バーナーならダッチ料理がずっと手軽に楽しめる！

ツーバーナーなら火をおこしたり、炭火を使った火力調整をしなくてもいいので、ずっと手軽にダッチ料理が楽しめる。火加減を見守る手間がないため、デイキャンプやまだキャンプに慣れず、準備に手間取るビギナーキャンパーにも最適。

バーナーを活用するときは、脚のないダッチオーブンが好相性。脚があると、バーナーのゴトクにうまくフィットしないことがある。キャンプ・ダッチを使う場合は、ゴトクの間に脚を入れるように工夫しよう。

また、焚き火台の場合、安定した状態で調理しようと思うとサイズ的にダッチオーブン1台が限界だが、ツーバーナーなら横に長いため、一度に2台並べて調理可能。しかも、自宅のコンロのように燃料バルブを回して弱火〜強火まで火力調整が自在にできるので、扱いやすいのもうれしい。

ダッチ本体の重さに食材の重さもプラスされるとかなりの重量になるため、バーナーを置いたスタンドごと転倒する危険がある。できるだけ低い位置にセットする必要はあるが、注意点はこれぐらい。ツーバーナーならかなりお手軽にダッチ料理が楽しめる。

家でダッチ料理を楽しむときは…

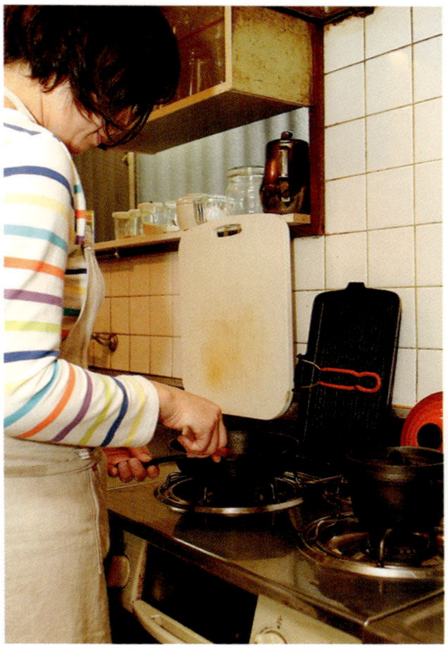

普通の鍋よりお得！パーティーにもgood

キッチン・ダッチやスキレット、コンボクッカーなどは、自宅のコンロでもまったく問題なく使える。蓄熱性がよく、冷めにくいので、普通の鍋よりガス代もお得。来客時や誕生日、クリスマスなどのイベントも、ダッチなら簡単に豪華な料理を作ることができる。自宅でもどんどんダッチ料理に挑戦しよう！

キャンプ・ダッチを台所のガスコンロで使うときは、脚をゴトクの間に入れて使う（使用に不向きなガスコンロもあり）

シングルバーナーでも大丈夫？

シングルバーナーは、ゴトクが広くなっていてダッチオーブンを載せることができるモデルもある。だが、基本的にはNGと覚えておこう。

ツーバーナーなら並べて同時調理！

スキレットやコンボクッカー、10インチのダッチオーブンくらいまでは、ツーバーナーなら2台並べて同時に調理可能。あっという間に2品完成！

ツーバーナーCATALOGUE

ホワイトガソリン式

COLEMAN
パワーハウスツーバーナー

ホワイトガソリンを使ったスタンダードなツーバーナー。寒い冬でも安定した火力を維持する優れもの■価格:2万7864円（コールマン ジャパン）

じょうご状のフューエルファネルを使ってホワイトガソリンをツーバーナーのタンクに溢れないように注意して注ぐ。ホワイトガソリンを入れたらフタをして、タンク内に空気を送って圧力をかけるための「ポンピング」をする。

カセットガス式

本体にカセットガスの燃料缶をしっかりセットするだけ。装着はワンタッチ式なので、初心者でも装着が簡単。

UNIFLAME
ツインバーナー US-1900

約3.9kgと軽量でありながら、ハイパワーの火力と高強度を実現している。カセットボンベ式で取り扱いも簡単。メンテナンスしやすく、女性でも手軽に操作できる。■価格：1万8334円（新越ワークス）

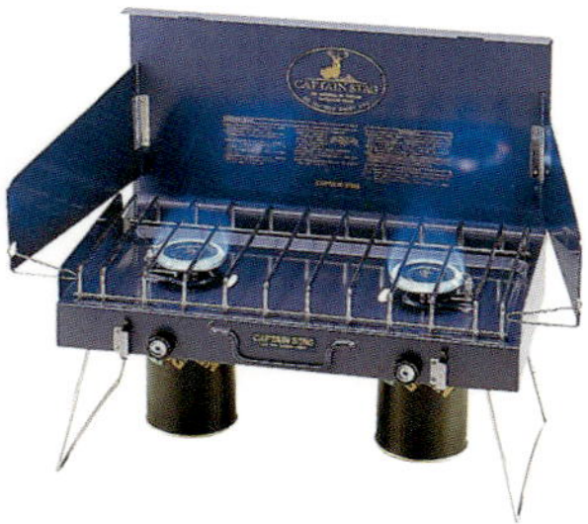

ガスカートリッジ式

本体裏の燃料取り付け口にガスカートリッチをカチッとセットするだけだから簡単に装着できる。

CAPTAIN STAG
ステイジャーコンパクトガスツーバーナーコンロM-8249

屋外調理に最適な2バーナー式のコンロ。フード付きだから風にも強い構造。持ち運び便利なトランク型収納で、あらゆるフィールドで大活躍してくれる。■価格：2万4000円（キャプテンスタッグ）

ダッチオーブンを楽しむキッチンスタイルいろいろ

ダッチオーブンを楽しむなら、そのスタイルにもこだわりたい。料理がもっと楽しくなるこだわりのキッチンスタイルを知って、自分に合った〝ダッチ・キッチン〟を見付けよう。

POINT!

●ツーバーナー＋クワトロポッド 2カ所で同時に料理を作る！

LOGOS
クワトロポッド
ダッチオーブンを吊り下げられる料理スタンド。これ1つでワイルドな雰囲気に！
■価格:7400円（ロゴスコーポレーション）

定番!

2つのダッチ料理を同時に用意

季節を問わず、安定した調理を楽しむならホワイトガソリン式のツーバーナーが定番。これにプラスして、クワトロポッドにもう1つのダッチオーブンを吊るせば、2つのダッチ料理を一緒に作れる。手軽なバーナー調理も、本格的な焚き火調理もできるので、思い切りダッチ料理が満喫できる。ツーバーナーとクワトロポッドは近くに配置すれば、調理がラクになる。

●囲炉裏テーブルをみんなで囲む！

SNOW PEAK
ジカロテーブル
火を囲みながら、食材やコップ、お皿などを手元に置ける便利なテーブル。これがあると焚き火料理ではかなり便利。いろいろな組み合わせで楽しめる。
■価格：2万9800円

人気！

調理しながら食事できる団らんスタイル

焚き火台でダッチ料理を作るときに人気なのが、この"囲炉裏スタイル"。ダッチオーブンを焚き火に掲げ、その周りに全員集合！　ダッチ料理を熱しながら食事を楽しめるのは、調理場所と食事場所が同じ囲炉裏スタイルならではだ。熱いダッチ料理をみんなでつつけば、会話が盛り上がること間違いなし！

●卓上グリルでダッチ オン ザ テーブル！

卓上グリルを使ってスマートな雰囲気が味わえる

卓上グリルをテーブルに配置し、チェア＆テーブルという定番のリビングでダッチオーブンを楽しむスタイル。卓上グリルを使うと、焚き火台を使うワイルド感がなくなり、スマートな雰囲気で食事が楽しめる。少人数やおつまみ作りに最適。

UNIFLAME
ユニセラTG
抜群の耐久性と燃焼性能を誇る炭焼きグリル。少ない炭でもふっくらおいしく焼き上がる■価格：1万円（新越ワークス）

●カマドスタイルで同時にいろいろな料理！

鍋料理とオーブン料理が一度にできるカマド構造

熱を逃がすことなく、鍋を周囲から効率良く包み込む日本の料理文化を取り入れたカマドスタイル。効率良く調理できることで、短時間でいろいろな料理を同時に作ることができる。使い方次第で多彩な料理ができちゃうぞ♪

LOGOS
LOGOS the KAMADO
同時にいろいろ料理できる多機能＆万能調理グリル。コンパクトに収納可能。■価格：1万9900円（ロゴスコーポレーション）

ダッチ料理作りに便利な小道具たち

便利な小道具たちを揃えると、ダッチオーブン・ライフはもっともっと楽しくなる。ダッチオーブンの人気とともに、便利アイテムも各メーカーから続々登場！

ダッチオーブン使用の幅を広げるアイテム

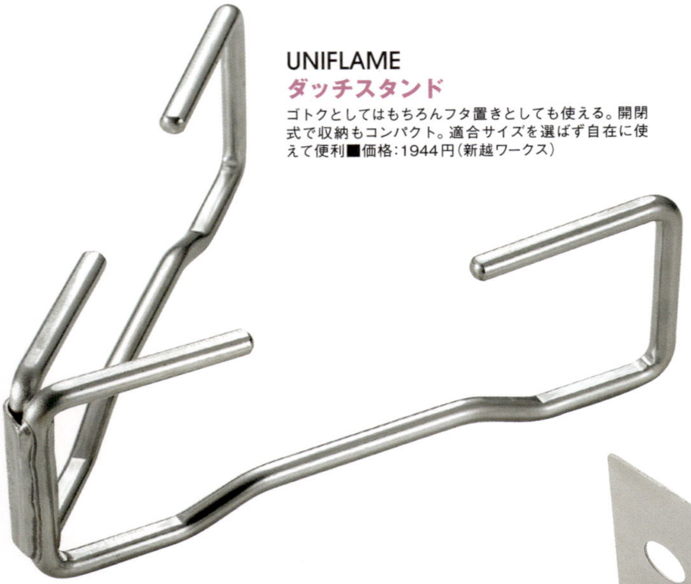

UNIFLAME
ダッチスタンド
ゴトクとしてはもちろんフタ置きとしても使える。開閉式で収納もコンパクト。適合サイズを選ばず自在に使えて便利■価格：1944円（新越ワークス）

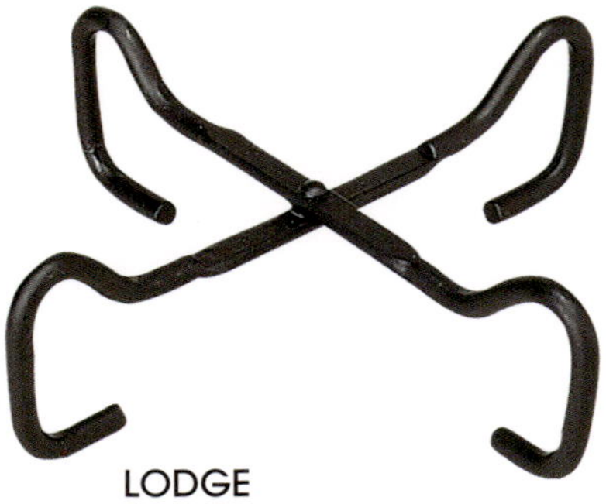

LODGE
A5-3リッドスタンド
ダッチオーブンの脚、フタ置きとして使える安定感抜群の便利なスタンド。ダッチの使い勝手が格段に向上■価格：2400円（エイアンドエフ）

LOGOS
ステンレスダッチゴトク
かさばらない組立式ゴトク。鍋の下に空間をつくり、燃料を効率よく燃焼させる。丈夫なステンレス製で、極薄収納でかさばらない。■価格：930円（ロゴスコーポレーション）

使い勝手
抜群なのに
コンパクト

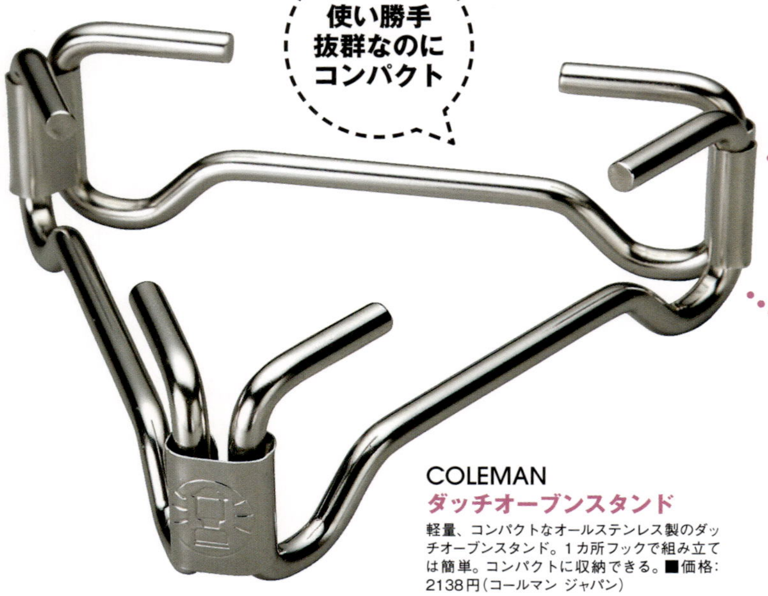

COLEMAN
ダッチオーブンスタンド
軽量、コンパクトなオールステンレス製のダッチオーブンスタンド。1カ所フックで組み立ては簡単。コンパクトに収納できる。■価格：2138円（コールマン ジャパン）

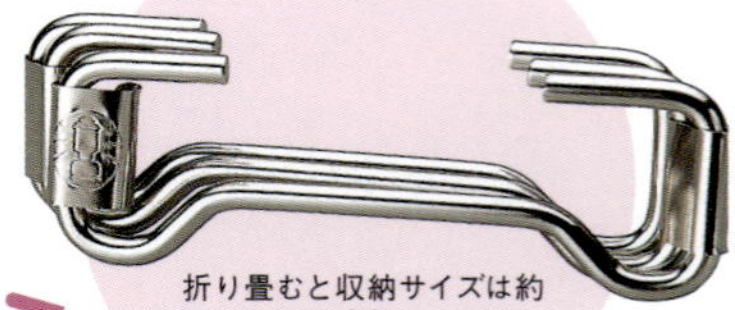

折り畳むと収納サイズは約15×2×5（h）cmとなり、かなりコンパクト！

熱々のダッチオーブンのフタを置く、置き台として使える。メンテナンス時も大活躍！

ダッチ料理のレパートリーを広げる調理小物

LOGOS
（グリルにぴったり）BBQお掃除楽ちんシート・ワイド（極厚）
グリルの油汚れ防止に便利な極厚アルミシート。BBQグリルの火床全体に敷くだけでセット完了。一般的な家庭用アルミホイルの3倍近い厚みがある。調理後にシートを取り除けばお掃除完了！ ■価格：オープン価格（ロゴスコーポレーション）

ＢＢＱの後は、グリルの熱が冷めてから汚れたシートを破らないように取り出して、各市町村の処理区分に従って処理すればＯＫ。

シートはBBQの火力にも耐える0.035mm。極めて丈夫で破れにくく、燃えにも強い厚さがある。使うときは、グリルの火床全体に敷くだけでセット完了！

COLEMAN
ウッドハンドルバーベキュートング
手にしっくりなじむ木製ハンドルのトング。長さは約38.5cmあり、ダッチオーブン調理の際に最適！ ■価格：1058円（コールマン ジャパン）

LODGE
ロジック トリベット
鍋底に敷くことで、余分な水分や油を落としてくれる、便利なダッチオーブン専用の落とし網。シーズニング済み■価格：2300円（エイアンドエフ）

活用度大の食材底上げアイテム！

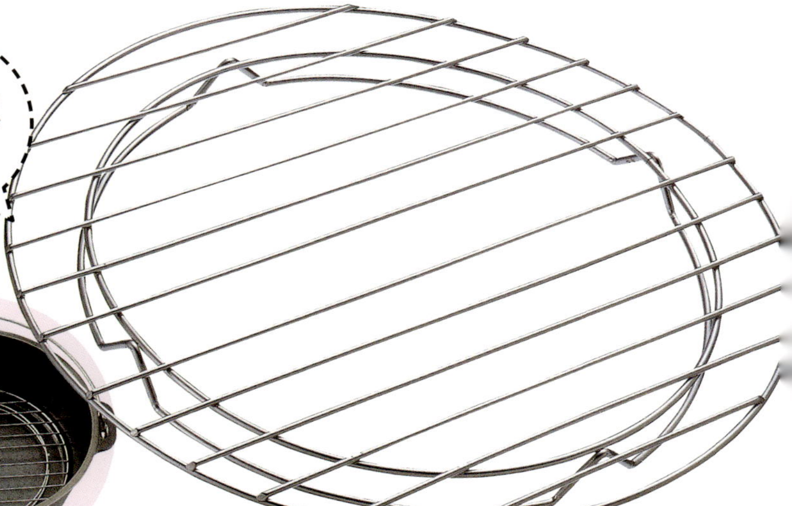

ダッチオーブンに入れれば食材の焦げ付き防止、蒸し料理の食材の底上げに活用できる

COLEMAN
ステンレスプレート 10インチ
ダッチの底に敷いて焦げ付きを防いだり、裏返して上火の炭置きとしても。食材の底上げにもなるので、蒸し料理にも使える■価格：3218円（コールマン ジャパン）

電気を熱源にしている便利な上火ヒーター。中の温度を測れる温度計も内蔵されている

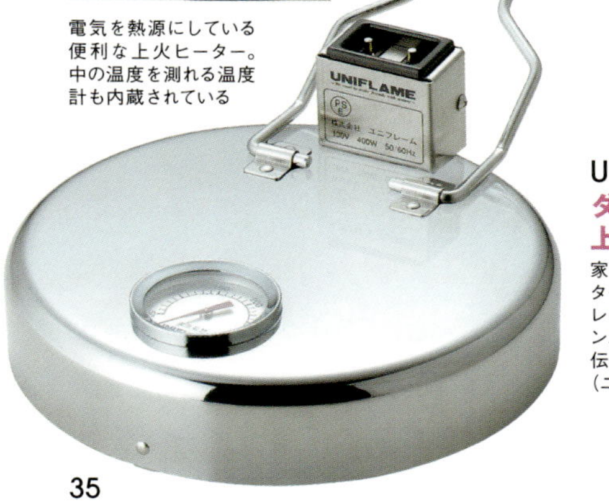

UNIFLAME
ダッチオーブン上火ヒーター
家の台所で使える上火ヒーター。電気を熱源にステンレスカバーの蓄熱とのバランスでダッチにしっかり熱を伝える■価格：1万2963円（ユニフレーム）

CAPTAIN STAG
石焼きいも用石（3kg）
ダッチオーブンで石焼きイモを焼くために作られた石焼きイモ用の石。石で焼くから遠赤外線効果で抜群のおいしさ■価格：1200円（キャプテンスタッグ）

ダッチオーブンを掴むための便利アイテム

ダッチを持ち運べる革グローブ

LOGOS
ダッチミトン
ロングタイプの革製グローブ。ひじ付近まで覆うロングサイズだから、熱々のダッチオーブンを扱うときに最適！ ■価格:2900円（ロゴスコーポレーション）

LODGE
レザーグローブ
スエード調に鞣された牛皮に、綿の裏地をライニングしたグローブ。熱に強く、手首まで覆うから安全に作業することができる。■価格:4500円（エイアンドエフ）

LODGE
ホットハンドルホルダーセット
コンボクッカー、スキレット用のハンドルカバー。取っ手に伝わる熱から手を守ってくれる。レッド、ブラックの2個セット■価格:1500円（エイアンドエフ）

COLEMAN
ソリッドレザーグローブⅡ/M、L
とても丈夫な牛革製グローブ。立体縫製だから作業しやすい。持っているといろいろなシーンで活躍してくれる。Lサイズは約25cm、Mサイズは約23cm。■価格:5378円（コールマン ジャパン）

COLEMAN
ソリッドレザーグリルグローブⅡ
手首までカバーする丈夫な牛革製グローブ。汚れの目立たないダークブラウンカラーで、立体縫製だから作業しやすいのが特徴。■価格:6458円（コールマン ジャパン）

ダッチオーブンを保管・運搬するための袋

UNIFLAME
ダッチオーブンキャリングケース
ダッチオーブンを衝撃から守る丈夫な10号防水帆布製■価格:10インチ用／3981円、12インチ用／4352円（新越ワークス）

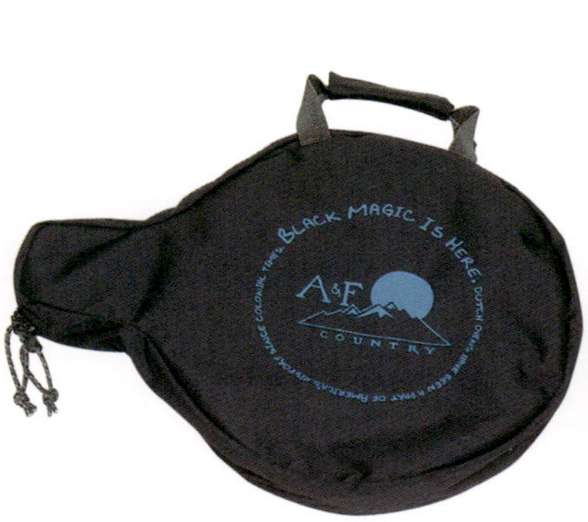

A&F
A&Fオリジナルキャリングケース スキレット&コンボクッカー用
10-1/4インチまでのスキレット＆コンボクッカー用のカバー。パッドが入っているから、安全に運搬できる■価格:2500円（エイアンドエフ）

ダッチオーブンのフタを開けるための小道具

LODGE
デラックスリッドリフター
オーブンの中身を確認するときや、炭を載せた熱いフタを外すときに便利。持ち手部分は畜光になっているのがポイント。■価格：4000円（エイアンドエフ）

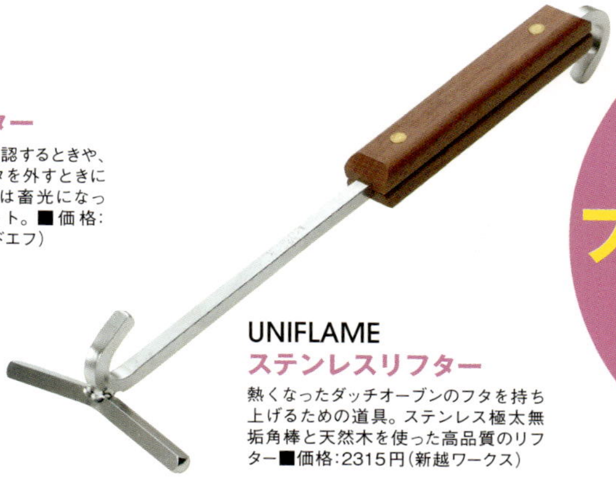

UNIFLAME
ステンレスリフター
熱くなったダッチオーブンのフタを持ち上げるための道具。ステンレス極太無垢角棒と天然木を使った高品質のリフター■価格：2315円（新越ワークス）

COLEMAN
ハンディーリフター
ツーバーナー上のダッチオーブンのフタも楽に持ち上げられる形状のリフター。グリップの握りの太さと、木であるため熱も伝わらず安心。■価格：2138円（コールマン ジャパン）

アツアツのフタを楽々オープン！

LODGE
リッドリフター
ダッチオーブンの中身を確認するとき、炭を載せた熱いフタを外すのに便利で丈夫なリフター■価格：2700円（エイアンドエフ）

いつでもピカピカ！シーズニングするための道具

ガンコな焦げ付きも落とせる！

CAPTAIN STAG
ダッチオーブン用ササラ
天然竹で作られたササラ。ダッチオーブン全体に付いてしまった汚れも、手で触れることなくこそげ落としてくれる便利なアイテム■価格：650円（キャプテンスタッグ）

UNIFLAME
ダッチスクレイパー
頑固な焦げ付きをはがすためのスクレイパー。本体はステンレス胴の一体構造で力が入れやすい形状。ユニフレームのダッチオーブン専用■価格：667円（新越ワークス）

ダッチオーブンのためのサイト作り&ウエア選び

ダッチオーブンは、アウトドアでこそ最もその実力を発揮するクッカー。キャンプのときに快適にダッチオーブンを楽しむためのキャンプサイト作りと、ウエア選びを身に付けよう。

火の扱いには十分注意して安全に楽しく料理しよう!

ダッチオーブン料理をする場合、もっともベーシックなのが焚き火(炭火)を使うスタイル。焚き火で料理をする場合、どうしてもそばに付き添う時間が長くなるが、焚き火台をサイトの中央にデンと据えるのはNG。サイト中央は人の移動が多いので、ここに火があると危険。子どもがいる場合には目を離すこともできなくなる。みんなが安全にダッチ料理を楽しむためにも、焚き火スペースはサイトの隅に確保し、中央はできるだけ動きやすくしよう。焚き火台とツーバーナーの2カ所で調理をする場合も、使いやすさだけに囚われず、人通りの少ない場所に設置すること。下ごしらえ→加熱調理がスムーズに流れる配置を意識しよう。バーナー類や焚き火台は、火を使うので、燃えやすいタープやテントから離してセッティングすることも忘れないようにしたい。

サイト俯瞰図

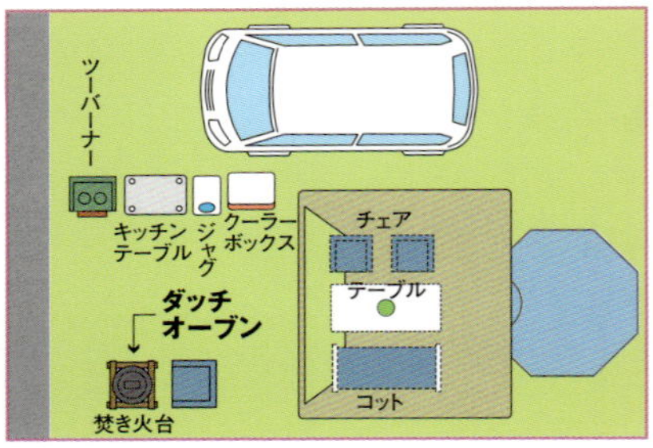

POINT! 2 キッチンは調理手順の順番に配置

タープから一番離れた位置にバーナーを配置。クーラーボックスはリビングからアクセスしやすい場所にセット。あとは食材を洗う→下ごしらえ→加熱調理の作業工程順に配置する。

POINT! 3 テーブル&チェアは配膳しやすく

火の近くやキッチンの近くを子どもが動き回るのは危険。焚き火台やキッチン側の席を大人席、反対側を子ども席として配置。大人がキッチン側にいると配膳もスムーズにできる。

POINT! 1 ダッチオーブンは離れた場所で

ダッチオーブンを載せる焚き火台は、タープ&テントから離れた場所にセット。風向きを考え、火の粉が飛び散ってテントに穴を空けたり、タープ内に煙が流れ込まないように配置する。

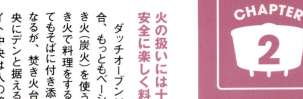

快適ダッチ向けウエア

化学繊維のウエアは×！

焚き火を使うと火の粉が飛ぶので、化繊繊維でできたウエアは絶対NG。化繊繊維は熱ですぐ溶けてしまうため（左写真）、思わぬ大けがやヤケドにつながることも。

便利！

革orコットン製のエプロン

革やコットン製のエプロンなら火の粉が飛んでも溶けることはない。せいぜい焦げができるくらい。さらに調理時の汚れも目立たない＆気にならないので◎。

暑い夏の場合のウエアは？

夏場で暑くても長いコットンパンツとエプロン、革製のグローブ、クツを着用するのが基本。

暑くてもＴシャツ短パン、ビーチサンダル、素手は×。コットン製でもコレではヤケドの危険大。

アウトドアで満喫する快適ダッチ向けサイト

ダッチ料理だけを楽しむ場合

キッチンツールもコンパクトにまとめてダッチ料理に集中！

ツーバーナーを使わず、焚き火台のみでダッチ料理を楽しむ場合は、ごちゃつきがちなキッチンテーブル、ジャグなどキッチン回りのアイテムもコンパクトにして、よりシンプルにセッティング。これなら最小限の装備でも大丈夫。滞在時間の短いデイキャンプにもおすすめ。

調理後の後始末 使用後の「メンテナンス」

ダッチオーブンは面倒くさくても必ず使用後にメンテナンスをしなくてはならない。ダッチオーブンがまだ熱いうちに手入れをするのが基本と覚えておこう。

1 洗剤は使わずに水洗い

ダッチオーブンにせっかく染み込んだ油が落ちてしまうため、洗剤は使わない。熱湯をダッチオーブンの中に注ぎ、煮つめながら木べらで汚れをこそぎ落とす。焦げ付きがひどく、焦げが落ちないときは重曹を使って浸け置きしておくと、焦げや汚れが浮き出し落ちやすくなる。あとはスポンジでこすればOK。

2 汚れを拭き取り再加熱

布などでダッチオーブンとフタに付着した汚れを水滴ごと拭き取り、ツーバーナーや炭火などで完全に乾くまで水分を飛ばす。水気が残ると錆びの原因となるので、完全に水気を飛ばそう。湯気が出なくなり、ダッチオーブンの色が乾いた色に変わってくればOK。放置して空炊き時間が長くならないよう注意しよう。

3 熱いうちにオイルを塗る

ダッチオーブンの水気が完全に飛んで十分に乾いたら、火を止めて（炭火の場合は火床から移動して）、ダッチオーブンが熱いうちに次はオイルを塗る作業。少量の植物性の無塩オイル（オリーブ油など）を、ボロ布などを使って染み込ませる。隅々まで塗り込んだら再度熱してオイルを塗り込む作業をすれば完了。

4 新聞紙にくるんで保管

オイルをダッチオーブンに塗って熱する行程を繰り返した後、ダッチオーブンが冷めたことを確認して、新聞紙で包んで保管する。新聞紙が油をほどよくなじませ、塗り込んだ油も蒸発しにくくなる。ただし、新聞紙は湿気を呼ぶので、風通しがよく、湿気のない場所に保管するようにしよう。

頑固な汚れは…

重曹を入れて汚れを溶かす

頑固な汚れには重曹が最適。洗剤を入れるとダッチオーブンにせっかく染み込んだ油がみんな落ちてしまうのでNG。お湯に振り掛けるようにして入れ、その後少しの間浸け置きしておく。

柔らかなタワシでこすり洗い

重曹を湯に入れて浸け置きした後は汚れが浮き出してくるので、普通に洗うよりずっと汚れが落ちやすくなる。柔らかなスポンジなどでこすり取るように洗えばきれいになる。

火で熱して水気を完全に除去

汚れがきれいに落ちたら、通常のメンテナンスと同様によく流水で洗い流し、布で水分を拭いて火にかける。じっくり火にかけてダッチオーブンに水分が残らないよう、完全に水気を飛ばす。

サビ防止のためオイルを塗り込む

水気が完全に飛んだらオイルを塗り込む。メンテナンス同様、再度熱してオイルを塗る。このとき、汚れたせいで鉄臭さや錆びの匂いが気になるときは、香りの強いクズ野菜を炒めて匂いを除去。

焦げ付いたら…

焦げを焼き切りはがし落とす

頑固な焦げを発見したら、さらに加熱して炭化させる。完全に焼き切り、あとは木べらなど、ダッチオーブンを傷つけないものを使ってこそぎ落とす。簡単な方法だが、意外と効果的。

しつこい焦げは熱湯で溶かす

炭化させて木べらでこすっても落ちない頑固な焦げは、熱湯を入れて火に掛ける。お湯が少な過ぎるとあっという間に蒸発してしまうので、少し多めに入れておくといいだろう。

焦げをふやかしこすって落とす

熱湯で焦げが柔らかくなってきたら、タワシを使ってこすり落とす。お湯が熱いうちにやるのがポイント。これでも落ちない頑固な焦げは、再度火に掛けて熱湯を注ぐ。繰り返せば取れるはず。

焦げが取れたらオイルを塗る

焦げが取れ、きれいになったら普通のメンテナンスと同様。熱して水分を飛ばし、ボロ布などで植物性の無塩オイルを塗っておこう。加熱、オイルを塗る作業は2～3回はしておきたい。

錆びた場合は…

まずは火に掛けて十分に加熱する

保管していた場所からダッチオーブンを取り出したら錆びていた！　なんてときでも大丈夫。まずはダッチオーブンを十分加熱しよう。フタ部分が錆びている場合はフタも一緒に加熱。

家庭用食塩をたっぷり投入！

十分に加熱したらアツアツのダッチオーブンに家庭用の食塩をたっぷり投入。フタが錆びている場合は、そのフタの錆び全体にたっぷり振り掛ける。塩が白く見えるくらいたっぷり投入してOK。

食塩と一緒に布でこする

新聞紙や布など、ダッチオーブンを傷付けない柔らかいものを使って、投入した食塩と一緒にゴリゴリとこすっていく。ダッチオーブンに触れると熱いので、グローブをはめることを忘れずに。

食塩を洗い落としオイルを塗る

錆びが目に付かなくなったら、ダッチオーブンに塩が残らないよう、流水でよく洗い流し、布で水分を拭き取って加熱。水分が飛んだらオイルを塗布。再度加熱してオイルを塗り込めば完成。

目指せ！憧れのブラックポット！

ダッチオーブンは使って育てるもの！

ダッチオーブンは、メンテナンスを繰り返しながら大切に使っていると、「ブラックポット」と呼ばれる、黒光りした味わい深い色合いになる。ブラックポットになると、見た目がカッコ良くなるだけでなく、メンテナンスも容易に！　だからこそ〝憧れのブラックポット〟なのだ。一見、頑丈そうに見える鉄製のダッチオーブンだが、じつはとっても繊細。大切に育てて、あなたのダッチオーブンも美しく輝くブラックポットを目指そう！

ダッチオーブンを壊さない使用上の注意点

どんなに豪華な料理もダッチオーブンがサビサビのボロボロだと台なし。しっかりメンテナンスをして、長く愛用できる「ブラックポット」のダッチオーブンに育てよう！

ボロボロ…
こんなので作った料理食べれないよ〜!!!

禁止事項を避けてダッチオーブンを大切に！

長年大事に使い続けたダッチオーブンは、黒光りした味わい深い色に輝くようになる。これが「ブラックポット」と呼ばれるダッチオーブン。ブラックポットになると、焦げたり錆びたりしにくくなり、メンテナンスも容易になる。使い続けていくと調理時に出る油で自然とメンテナンスされるので、表面に塗るオイルは少なくてもOK。

分厚い鋳鉄製のダッチオーブンは、一見頑丈そうに見えるが、本当は割れやすく繊細。扱いには注意が必要だ。ダッチオーブンはとにかく使用後のメンテナンスが命！　一度でも錆び付かせたら大変だ。メンテナンスはシーズニングとほとんど一緒。ただし、汚れを落とす際に洗剤を使わず、重曹もしくは流水のみで洗うのが基本。後は熱してオイルを塗り込む作業を繰り返せばOK。しばらく使わないときは熱が冷めてから新聞紙で包んで保管すると油がなじみやすい。そんな繊細なダッチオーブン。もちろん避けたい禁止事項もある。ダッチオーブンは自分の手で育てる鍋。大事に使えば、一生使えるものだから大切に育てよう。

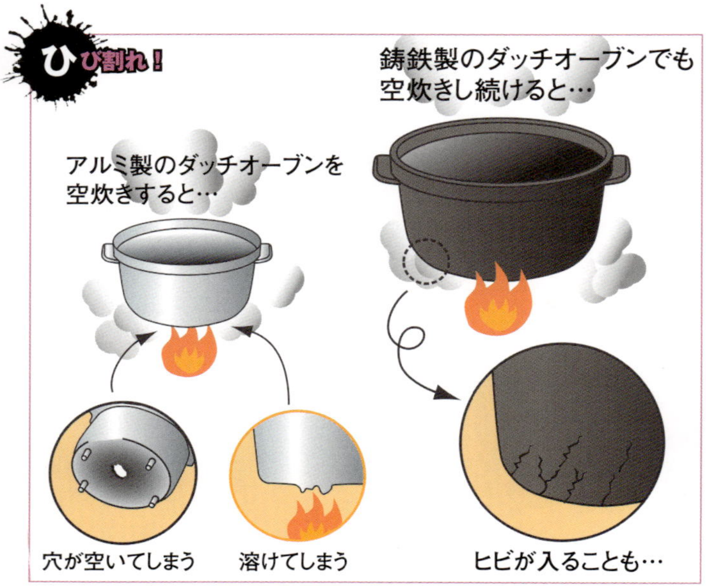
ひび割れ！
鋳鉄製のダッチオーブンでも空炊きし続けると…
アルミ製のダッチオーブンを空炊きすると…
穴が空いてしまう
溶けてしまう
ヒビが入ることも…

長時間の空炊き

危険度
20
40
60
80
100
100%

長時間の空炊きは破損の原因に

軽いアルミ製のダッチオーブンは空焚き厳禁！　融点が低いので溶けてしまったり、大きな穴が空いてしまったりする。鋳鉄製のダッチオーブンでも、あまりにも長時間空炊きすると、クラック（ヒビ）が入ることもあるので注意。面倒臭がって空炊きしたまま放置……は絶対にしないこと！

乱暴に地面に置く

危険度 80%

地面に落とすと脚が折れるかも

鉄製の重いダッチオーブンは、一見頑丈そうに見えるが、石にぶつけたり、地面に乱暴に置くなどの強い衝撃には弱い。とくに脚を壊しやすいので、落としたりぶつけたりしないように。洗うときはシンクにも注意。

破損！

急激に冷やす

危険度 100%

急な温度変化でダッチが割れる

料理が焦げついた場合、お湯を張って焦げを浮き上がらせるという方法があるが、このとき急に冷たい水を入れると急激な温度変化で割れることがある。ダッチを洗うときも、十分にダッチが冷めたのを確認してから。

急激な温度変化で割れることも…
Shuuuuu....!

湿気の多い場所で保管

危険度 70%

錆びる！
風通しのよい場所で保管!!

湿気＆水はダッチオーブンの敵

湿気が多く、風通しが極端に悪いシンクの下や押し入れでの保管は御法度。オイルを染み込ませた布で拭いた後は、風通しがいい場所に保管しよう。購入時に入っていた箱に入れたまま保管すると通気性が悪く、段ボールが湿気を呼ぶのでこれも避けたい。

濡れたまま放置

危険度 80%

錆びる！
食べ残しは放置しない
雨や水で濡れたらすぐに拭こう
そのまま放置しておくと…
錆の原因に！

錆びやすいので注意！

雨や水に濡らしたまま放置すれば、当然錆びてしまう。長期滞在のキャンプでは突然の雨でも対処しやすいよう、湿気を避けて保管しよう。また、残り物を入れっぱなしにするのも良くない。塩分や水分が錆のもとになる。

洗剤を使って洗う

危険度 80%

油膜がはがれる！

クレンザー
油分がとれてしまう！

洗剤はNGと頭に叩き込もう！

シーズニングやメンテナンスをして鉄に油を含ませても、洗剤を一度使えばその油分は一気に落ちてしまう。そうなってしまうと、鍋肌に食材が焦げつきやすくなり、料理のできばえも期待できない。錆びの原因にもつながるので洗剤は使わないこと。

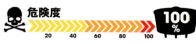

Dutch Oven Column

ダッチオーブンの作り方

手順1 鋳物砂で鋳型を作る

ダッチオーブンはほかの鉄鋳物とほぼ同じ行程で作る。まず最初に行うのが鋳型作り。この鋳型を作るのに必要なのは、砂とダッチオーブンをかたどった金型。型枠の中に砂を入れて固めてから金型を取り出せば鋳型は完成。金型を使うことによってある程度量産できるため、現在では一般的な製造法になっている。

ダッチの鋳型の材料となり、型枠に流し込まれる砂が鋳型作りの主役。この砂は「鋳物砂」とも呼ばれる

鋳型は使い回すことができないため、1台のダッチに鋳型も1つ必要。作りたいダッチと同じ数だけ鋳型も作る

手順2 溶かした鉄を流し込む

1台のダッチオーブンを作るのに必要な鋳型ができあがった後は、そこに高温の溶かした鉄を流し込む行程へと移る。このドロドロの状態となった鉄が、私たちが見慣れたダッチオーブンの形へと変身する。真っ赤に燃えたぎる、超高温の鉄を扱う現場はかなりの迫力だ！

ダッチの材料となる鉄は機械部品のスクラップなども使われる。資源リサイクルで作られているとは意外な真実

原料の鉄クズは、炉に入れて超高温にしてドロドロになるまで溶解させる。その溶けた鉄を鋳型に流し込む

手順3 砂を排除して磨き上げる

鋳型の中で鉄が固まれば、鋳型を取り払って原型が完成。後はダッチオーブンに付着した砂を排除して磨けば終了だ。だが、南部鉄器製ダッチオーブンは最後に仕上げのコーティング作業を行う。通常の鋳鉄のできあがりは銀色なのに、日本の鋳鉄製品が黒いのはこの行程があるからだ。

ダッチオーブンを鋳型から取り外し、大きな洗濯機のような機械で付着した余分な砂を取り除いていく

磨き上げる最後の行程は熟練工の手作業。1つ1つていねいに仕上げられているのだ

ダッチオーブンが完成！

南部鉄器製ダッチは…

この仕上げのコーティング行程が世界に誇れる南部鉄器の美しさを生み出している。この伝統技術で世界一美しい南部鉄器のダッチオーブンが完成するのだ。

郵

1[redacted]

[redacted]中央区京橋3−7−5
京橋スクエア11F

実業之日本社

「愛読者係」行

お手数でも
郵便切手
をお貼り
ください

ご住所　〒	
お名前	
メールアドレス	

ご記入いただきました個人情報は、所定の目的以外に使用することはありません。
実業之日本社のプライバシー・ポリシー（個人情報の取扱い）は、
以下のサイトをご覧ください。http://www.j-n.co.jp/

ください。

お求めの書店

男・女

歳

会社員　会社役員　自家営業　公務員　農林漁業
医師　教員　マスコミ　主婦　自由業（　　　　　）
アルバイト　学生　その他（　　　　　　　　）

本書の出版をどこでお知りになりましたか?

①新聞広告（新聞名　　　　　　　　　）②書店で　③書評で　④人にすすめられて　⑤小社の出版物　⑥小社ホームページ　⑦小社以外のホームページ

読みたい筆者名やテーマ、最近読んでおもしろかった本をお教えください。

本書についてのご感想、ご意見（内容・装丁などどんなことでも結構です）をお書きください。

どうもありがとうございました

このはがきにご記入いただいた内容を、当社の宣伝物等で使用させていただく場合がございます。何卒ご了承ください。なお、その際に個人情報は公表いたしません。

DUTCH OVEN

CHAPTER 3

炎を使いこなす

炭火のヒートコントロール術

燃えさかる炎を自在に操ろう

食材を入れた鉄鍋を、燃えさかる炎の中へ。
ダッチオーブンは豪快な調理法こそよく似合う。
だが、〝魔法の黒鍋〟の本当の実力を発揮させるには、
炎を自在に操り、繊細な火力調整が必要となる。

CHAPTER 3

炭火のヒートコントロール

炭火を使いこなしてダッチ料理を堪能！

炭火を制す者はダッチオーブンを制す！　調理に合った燃料をうまく使い分けて、ダッチオーブン料理を堪能しよう。ヒートコントロールを覚えれば料理がもっと楽しくなる。

炭火を自在に操ってダッチ料理を作ろう

調理法にあった燃料で料理がずっと楽しくなる！

焚き火でダッチ料理を作るときは、とにかく火加減のコントロールが重要。焚き火の燃料として一般的なものは、練炭、木炭、そして薪。どれを使うにしても、着火してから火が落ち着いてきた状態の「おき火」になってから調理すること。どの燃料がどのくらいで着火するか、火力が安定するか、燃焼時間はどれくらいかなどが分かれば、調理法に合わせた燃料の使い分けも可能になってくる。その日の料理に合わせて最適な燃料を使うようにしよう。

BBQグリルでもダッチオーブン可能？

ダッチオーブンが安定して置けるバーベキューグリルならダッチ料理が可能。ただし、ダッチ使用に適さないグリルもあるので注意しよう

炭火燃料の種類

薪

火が落ち着くまで時間が必要

焚き火によく使っているように、炎が上がるほど高火力だが、おき火の状態になるのにかなり時間がかかる。燃えやすい分、おき火になってからの火持ちも悪いが、現地調達もでき、入手のしやすさはダントツ一番。

木炭

着火のしやすさは抜群！

「簡単に着火してあっという間に燃え尽きてしまう」のが特徴。煮込んだりローストしたりせず、温めるだけ、といった簡単なダッチ料理ならコレでも全然問題ない。火持ちはあまりよくないが、着火しやすいので使いやすい。

練炭

火加減が容易でダッチに最適

燃焼時間が長いため、長時間安定した火力を維持してくれるのが特徴。ただ、アウトドアショップやホームセンターなど、売っているお店が限られているのが難点。大きさが均一なので、火加減しやすい。ダッチに最適な燃料といえる。

	薪	木炭	練炭
燃えやすさ	★★☆☆☆	★★★☆☆	★★★★☆
燃焼時間	★★★☆☆	★★★☆☆	★★★★★

●余った炭も再利用！

余った炭は火消し壷に入れて消し炭に。次に使うとき、消し炭を使うと簡単に着火！

着火剤入り円筒形練炭

マッチやライターなどでダッチチャコールに着火すれば、約1分で全体に火がまわる

マッチ1本で点火でき、長時間安定して燃焼！

ロゴス「エコココロゴス・ダッチチャコール30」は、トンネル状の穴が煙突効果を生み出し、燃焼効果バツグン。マッチで簡単に点火できるから初心者でも安心！

炭火扱いのための必須小道具

着火剤

ゼリー状、固形タイプ、ペーパータイプなどがある。炭火＆焚き火の着火が簡単にできるので、初めての火おこしも安心。

トング

炭や薪をくべるのに便利なトング。ダッチ料理にも活用できるので、炭火用と料理用の2種類用意しておくと便利。

グローブ

皮製で耐熱性に優れ、焚き火や炭火の炎から手を守ってくれる。絶対不可欠なファイアーマンの必需品。

ビギナーでも大丈夫！炭の簡単火おこし術

ビギナーが案外苦労するのが火おこし。下手すると1時間以上も炭や薪と格闘している人がいたりする。火がつかなくてはダッチ料理は始まらない。着火法をマスターしよう。

炭の火おこしなんて じつは誰でも簡単！

炭火料理を楽しみたいと思ったら、炭の火おこしは避けては通れない。バーベキューをしようと思ったけど、なかなか火がつかなかった、なんて経験がある人も多いのでは？　そんなイヤな経験があると、炭を使ってダッチオーブンの火加減を調整するなんて……と、敷居が急に高く感じてしまうかも。でも、大丈夫！　炭を使った火おこしは、ポイントを押さえてコツさえつかめば誰でも簡単にできるようになる。着火剤を効率的に使う方法を知れば、炭の火おこしなんて怖くない！　炭の火おこしに必要なのは、着火剤、炭、ハンドル付きライターだけ。あとはグローブ、コットンエプロン、トングがあれば完璧。炭の火おこしがスムーズにできるようになると、炭を育てておき火にする行程も楽しくなる。ダッチ料理が楽しくなる最大の過程は、炭の火おこしと炭を育てる作業ともいえる。常に揺らぎ安定しない炭火を、絶妙なさじ加減で手を加えておき火に仕上げる作業は、この上なく楽しい。炭の火おこしをマスターして、ダッチの世界に浸ろう！

① 着火剤を火床に並べ入れる

まず、固形タイプの着火剤を火床の底に並べる。2～3個がベスト。多ければいいというものではない。固形タイプやペーパータイプの着火剤は、湿気っていないか確認しておこう。

着火剤
着火剤
炭や薪に直接垂らさない!!

液状着火剤は紙に垂らして入れる

チューブに入った液状の着火剤を使う場合は、新聞紙などに垂らして入れたほうが安全。炭や薪には直接垂らさないようにする。

② 着火剤の上に炭を載せる

固形の着火剤の上に、炭をお互いが重なり合うように載せていく。最初は小さめで着火しやすそうな炭を選んで載せていくのがポイント。炭火が安定するまでは大きな炭を新たにくべないこと。

離して
載せるとダメ!

炭は面と面が触れ合うように重ねる

炭を載せるときは、面と面が触れ合うように重なり合うように配置すると効率よく着火していく。火おこしはこの下準備が重要なポイントだと心得よう！

火おこし成功！

③ ハンドル付きライターで着火

細長く、奥まで届くハンドル付きライターが着火に便利。火をつけるときは、炭ではなく、下に敷いた固形着火剤に直接着火するのが正しい使い方。揮発性が高い着火剤に一瞬で火がつく。

Check! 湿った炭は天日干しをしておこう

雨が降ったり、湿気などで炭が湿ってしまったら天日に干して湿気を飛ばそう。湿気っていると、どんなにがんばっても火がつかない。使い残しは湿気っていることが多い。

Caution 着火剤の途中投入は危険！

火力が弱いからといって、どのタイプの着火材でも、途中で追加するのは絶対にダメ。揮発性の高い着火材が急激に燃え上がって火柱が立ち、ヤケドやケガをする危険性は想像以上に大きい。着火剤は最初の着火だけに使うこと。

正しい着火剤の使い方

点火ポイントは炭ではなく着火剤

炭や薪などに火をつけようとしてしまいがちだが、点火するときは炭ではなく、着火剤に点火するのが正しいやり方。固形タイプやペーパータイプが使いやすい。液状タイプは助燃材だと認識しておくといい。

着火剤の代わりになるもの

切り込みを入れれば燃焼時間が長くなる
牛乳パックを細く切り、ジャバラ状にした後、所々に切り込みを入れておくと一気に燃え広がず長持ちする。

牛乳パック

牛乳パックは意外と便利な着火材。印刷された部分が着火材と同じような効果を出すので、ペーパータイプの着火材と似たような効果がある。普通の紙より長持ち。

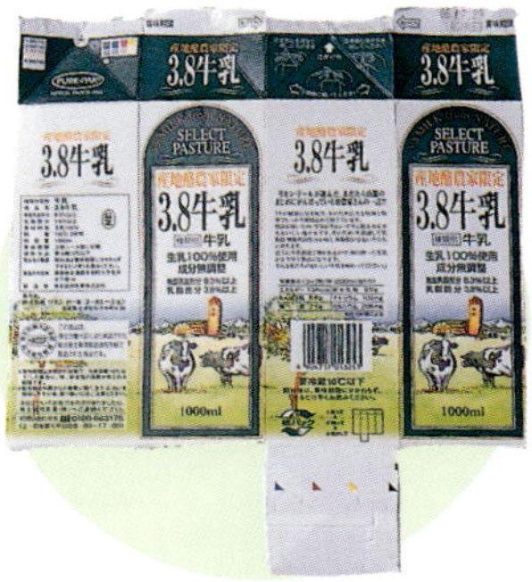

松ぼっくり

松ぼっくりは樹脂を多く含んでいるので、すぐに着火する。閉じたものよりも開いたものの方が燃えやすい。夏のうちに拾っておき、天日干ししておくのも手。

円筒型に丸めて火力をアップ！
段ボールは、クルクルと丸めて筒状にしてから火床へ投入。煙突効果を作ることで火力アップ。

段ボール

断熱効果もあることで知られる段ボール。空気を抱き込んでいるので、着火剤の代用にうってつけだ。ただしあっという間に燃えてしまうので、少し多めに用意しておくと◎。

よく燃えるのはかさが開いたもの
キャンプ場周辺の林の中で松ぼっくりを探そう。空気を含むように広がっているので、なるべく開いたものを選んで拾うこと。

もっと簡単！ ラクチン着火アイテム＝「火おこし器」

UNIFLAME
チャコスタⅡ
木炭を入れて着火剤の上に置くだけで、簡単に炭火をおこせる優れもの。上昇気流で生み出される火力で、炭熾しの不安はゼロ！　畳むと厚さ約３cmになり、平たく収納できる。■価格：3889円（新越ワークス）

CAPTAIN STAG
バーベキュー炭火起こし器
最小の労力で簡単に炭に着火できる優れもの。加熱器具で着火も可能だが、パック着火剤を置ける受皿も付属■価格：2700円（キャプテンスタッグ）

はじめてでも心配なし！薪のスムーズ火おこし術

薪を使った火おこし術をマスターすれば、焚き火や焚き火料理を存分に楽しめるようになる。火おこしがスムーズにできるようになったら、もっとアウトドアが楽しくなる！

一発で火がつく薪の火おこし術をマスター

薪の火おこしは、炭で行うよりビギナーにとっては難しいもの。なかなか火がつかなくて、ライターのガスがなくなった……なんてこともある。ダッチ料理の下準備をしても、火がつかなくてはダッチ料理は始まらない！　薪を使った火おこし術をマスターすれば、ダッチ料理はもちろん、焚き火も楽しめるようになる。

薪を使った火おこしに必要なのは、薪、着火剤、ハンドル付きライターだけ。あとはグローブとエプロン、トングなど焚き火に必要なものを準備しておけばOK。さらに追加してナタが1本あれば言うことなし！　火おこしに慣れてくれば、市販の着火剤を使わなくても、身の回りにあるものや、林の中で調達できるものでも火おこしができるようになる。薪を使う場合は、一番下に焚き付けとなる火がつきやすいものを置き、下から空気が入り込んで上に向かって暖かい空気が上昇するように組めば、火が燃え広がりやすくなる。

これらのポイントさえ押さえておけば、マッチ1本しかなくったって、簡単に火をおこすことができるのだ。

極細の薪がないときは樹皮で

着火に必要な極細の薪がどうしても手に入らないときは、薪の樹皮をはぎ取り、着火剤の上に置くと火がつきやすい。針葉樹の薪なら手でも簡単にはぎ取れる。

着火剤の上に極細の薪を載せる

火床の底にまずは着火剤を置く。火おこしを助けてくれるペーパー着火剤は折り曲げて立てて入れると◎。極細の薪は木炭よりも火がつきやすいので、ペーパー着火剤でも簡単着火！

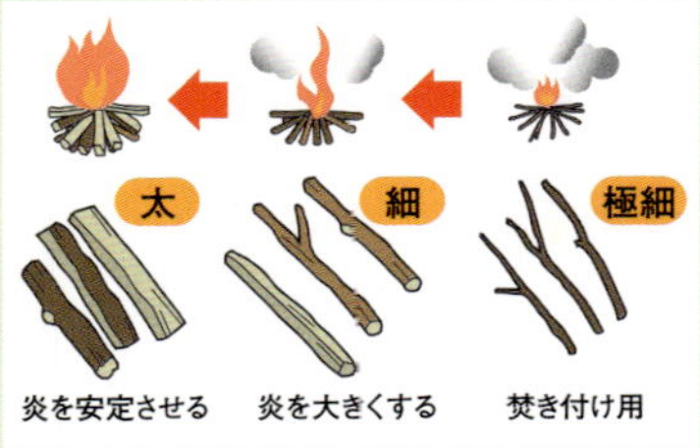

事前に薪を選別しておこう

薪は焚き付け用の極細、炎を大きくする細い薪、炎を安定させるの太い薪の3種類を用意し、事前に選別しておこう。

薪を組み上げる

細い薪→太い薪となるように順に組んでいく。細い薪から太い薪へ着火し、徐々に炎が大きくなるようにする。着火はハンドル付きライターが◎。組んだ薪を崩さず、着火剤に点火できる。

下から上へと燃え広がらせる

一番下に置いた着火剤に点火すると、下の焚き付け用の極細の薪に火が付き、細い薪、太い薪と徐々に下から上へと燃え広がっていく。この手順を踏めば一発で火がつく！

Check! 薪は焚き火で乾かしておく

湿気ったり、雨が降ったりして薪が濡れてしまったら乾いている薪で火をつけ、その焚き火のそばに立て掛け、乾かしておくと乾燥して薪として使えるようになる。

井桁型

おなじみキャンプファイアーで行うのがこのカタチ。火柱が高く上がるのが特徴。薪を一度にたくさん使う。

ティピィ型

一気にたくさんの薪に火が回るため、急激に燃え上がる。ただし、燃焼時間は短い。あっという間に薪がなくなる。

並列型

薪がひとつの塊になるように並列に並べ、上部から着火する。上から下へゆっくり燃え移る。雪中キャンプでも使える。

インディアン型

薪を放射状に配置し、中心から着火。じわじわと長く暖をとりたいときにオススメ。ゆっくり燃えるから薪も長持ち。

正しい薪の組み方

薪と薪の間から空気が入り込むように組む

上手に薪を燃やすためには、薪の組み方が重要。やみくもに薪をくべると種火はすぐに消えてしまう。空気が薪の間に入り込むように組めば炎が燃え広がり、焚き火が安定する。

着火剤不要の焚き火術

●用意するもの

極細の小枝
落葉樹のある林なら小枝がたくさん落ちている。木から切り落としても生木は水分が多くて使えないので、拾って使うのが◎。

新聞紙
新聞紙のインクが簡易式の着火剤になる。すぐに燃えてしまうので、少し固めに丸めてくべると長持ちする。

松ぼっくり
油をたくさん含んだ松ぼっくりは天然の着火剤。かさが開いたものの方がよく燃えるので、かさが開いているものを選ぶように。

小枝や松ぼっくりなどを配置

着火剤代わりになるものは林の中に案外落ちている。キャンプ場周辺ならすぐに見つかるだろう。新聞紙だけだとすぐに燃え尽きてしまうが、松ぼっくりや小枝と組み合わせて使えば、火おこしの心強い味方となる。子どもと一緒に松ぼっくりなどを探すのも意外と楽しい。

新聞紙に着火

一番下の方に配置した新聞紙に点火。一気に燃え上がり、焚き付け用の小枝に燃え広がる。火種が消える前に細めの薪から順番にくべて、焚き火の炎を安定させよう。

細薪→太薪の順に投入

細い薪がなく、太い薪しかないときは、薪をナタで削って削りカスを使おう。削っているうちに薪が細くなったら、それも火種のそばに置いておくと徐々に火が着く。

火おこし成功！

炭火の火加減完璧コントロール術

炭火はコンロの炎と違って、一定ではない。前回成功したときと同じ燃料を同じ量使っても、その日の状態で変わってくる。炭火のコントロールは、慣れと経験がモノを言う。

燃える炭火を自在に操るヒートコントロール術

炭火の火加減は、どこにどれだけ炭を置くかでその火加減が決まる。とはいえ、その日の気温や風速、燃料のサイズや状態によって火力や燃焼時間がかなり変わる。炭火のコントロールには、若干の経験が必要となる。ゆえに、炭火の火加減には真のマニュアルは存在しない。しかし、基本は抑えておきたい。ダッチ料理に必要なヒートコントロール術は抑えつつ、その日の状態を判断して火加減を調節できるようになれば、あなたもダッチ料理の炭火マスター！　集中して料理を楽しむためにも、革製のグローブとトング、コットンエプロンの着用も忘れずに。

Check! 練炭は火加減調整に便利

石炭を粉末にしてから再度固めたものが練炭。サイズ、形状が揃えてあるので火力を把握するのに便利。左ページの「火力早見表」はこの練炭の数で算出。

炭の配置の基本

上火は強く

炭を増減させるのが炭火の火力調整の一番簡単な方法。炭を加えれば強火になるし、少なくすれば弱火になるのは当然。ダッチ料理を作るときは、フタの上に載せる炭を多くして、上火を強くするのが基本。下火を強くすると、鍋底に食材が近いため焦げる原因に。

下火は弱く

下炭は上炭よりも少なく配置して火は弱めにする。鍋底に沿って一周させるように配置するとバランスがいい。気温が下がる冬場は、鍋の側面から外気の影響を受けるため、下火を多めにして暖かな空気を立ち上がらせ、冷気をシャットダウンさせるというテクニックもある。

フタへの配置法

長時間調理の場合は…

じっくり煮込むときは火持ちがよい方がいいので、炭同士が接するようにくっつけて配置。炭同士が接することで温かい熱を逃がさない。

短時間調理の場合は…

サッと火を通すだけといった、短時間の料理の場合は上炭の間隔を離して配置。炭火は、より早く火力が上がり、早く消える

トングで炭を増減する

炭を増やしたり、減らしたりする特別な道具を使わなくていい、スタンダードな火加減方法。ただし、素手での途中投入は危険なのでトングを使って行おう。

風を送れば火力アップ

古典的な方法だが、くすぶった状態の炭に空気を送れば、炭火は息を吹き返して火力が上がる。下から上に向かってあおぐとさらに効果的。

調理途中の火加減調整法

ダッチオーブンと火床の距離を変える

炭の量で火力をコントロールする以外にも、火力調整の方法がある。それは炭からの距離を変えること。この方法を活用したのが「トライポッド」。ダッチオーブンを吊るしてチェーンを上下するだけで、簡単に火力調整することが可能。

トライポッドがない場合は、太い薪を2本ダッチオーブンの下にかませて安定させ、炭火から距離を取る方法もある

火力目安表

炭（練炭）の数とダッチオーブン内の温度の目安にどうぞ！

10インチ			
	13個	15個	17個
15個	7個	9個	11個
100℃	150℃	175℃	200℃

Check! 火力は状況によって異なる

炭火の炎の状態はその時の天候や気温、風速、燃料のサイズや状態によって火力や燃焼時間にかなりの違いが出る。しかし、アウトドアでの料理なのだから、ちょっとぐらい気にしないようにするのが一番！　後は経験を積んでそのときの状況や炭の状態を読み取れるようになろう。

ダッチオーブン火力公式

ダッチの直径＋３個をフタに載せる
&
ダッチの直径－３個を本体の下に置く
＝150℃

「３アップ・３ダウン＝150℃」と覚えよう！

ダッチ料理をおいしくするヒートコントロールの鉄則

ダッチ料理成功の最大のポイントは炭火の火加減。ヒートコントロールの鉄則を知って、失敗のないダッチ料理を楽しもう。火加減を自在に操るテクニックを身に付けよう。

鉄則1

調理開始は炭がおき火になってから！

料理に使う炭は炎が立っている状態ではなく、白い灰をかぶった状態が、火力が安定していてベスト。このおき火状態をキープして料理を進めよう。灰がかぶりすぎるとくすぶってしまうので、うちわであおいで少し灰を飛ばすようにしよう。

薪は炭になるまで待つ

薪を使う場合も炭と同様で、おき火になるまで待つ。上の写真のように炎が上がった状態では熱が均一に伝わらず、火力が強過ぎ。食材が焦げてしまう。

鉄則2

フランジに沿って等間隔で炭を配置！

炭はフランジ（フタのフチ）に沿って等間隔で配置していく。炭が少ない場合も均一になるように工夫すること。中央にも持ち手を挟むようにして置く。本体下に置く炭も偏りなく並べて、ダッチオーブン全体にまんべんなく熱が伝わっていくようにしよう。

偏りがあると焼きムラに

炭を均等に載せず、適当に配置すると焼きムラの原因となる。おいしそうに仕上げるためにも、炭火を均等に配置することが大切なのだ。

鉄則3

食材を入れる前にプレヒートしておく！

食材を入れる前にダッチオーブンをプレヒート（加熱）して温めておく。こうすることで料理がこびりつきにくくなるだけでなく、ダッチオーブン全体に均一に熱が行き渡る。ダッチオーブンの実力を発揮させるために大切な下準備のひとつ。

ツーバーナーでも同様

ツーバーナーで調理するときでも、炭火と同様に必ずプレヒートしてダッチオーブンやスキレットを温めておく。食材の下準備の前に温め始めよう。

鉄則4

フタを開けて見るのは料理確認の最終手段！

料理の状態は、目で見て確かめるのが一番確実。不安なときはフタを開けて中の状態を確認しよう。ただし、ダッチオーブンの優れた性質をフルに発揮したいなら、無駄にフタを開けることはしないほうがいいだろう。経験を積めば、フタを開けずに中の様子を予測できるようになる。

フタはリフターで開ける

ダッチのフタを開けるときは、とても熱くなっているので、必ずリフターかグローブを使うようにしよう。焦って素手で開けてヤケドをした、なんてことのないように。

ダッチオーブン内の温度を確認する方法

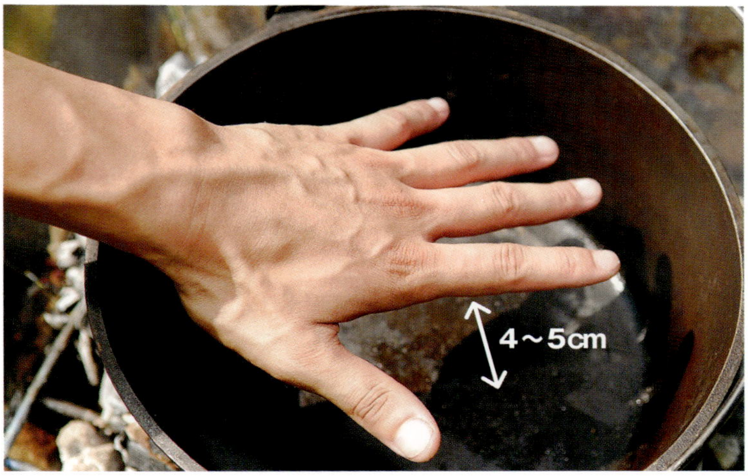

方法1 手をかざしてチェック！

ダッチオーブンの内底から4～5cmの位置に手をかざす。そこまで近づけられないようなら熱し過ぎ。2～3秒かざしていられれば炒め物の適温、5～6秒で蒸し料理＆オーブン料理に最適温度。ヤケドにはくれぐれも注意しよう。

3秒ガマン可能…炒め物料理に最適

5秒ガマン可能…オーブン料理に最適

方法3 油のはぜる音でチェック！

ダッチオーブンに油を引いて、音や状態で温度が確認できる。油は内底にまんべんなく広がるように引くのがポイント。ダッチオーブンが全然温まっていないと油がはぜる音もせず、油も伸びていかない。

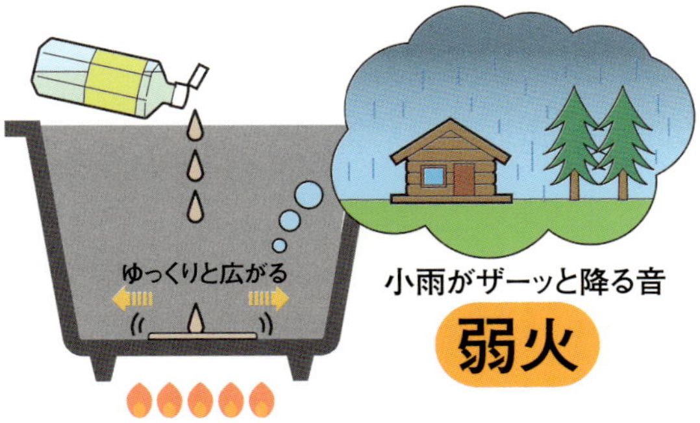

ザーッという小雨が降る音

油をダッチオーブンの内底に引くとゆっくり伸びていき、小雨がザーッと降るような音がする。これが弱火の状態。焼き物や炒め物をするときの目安に。

→ 弱火

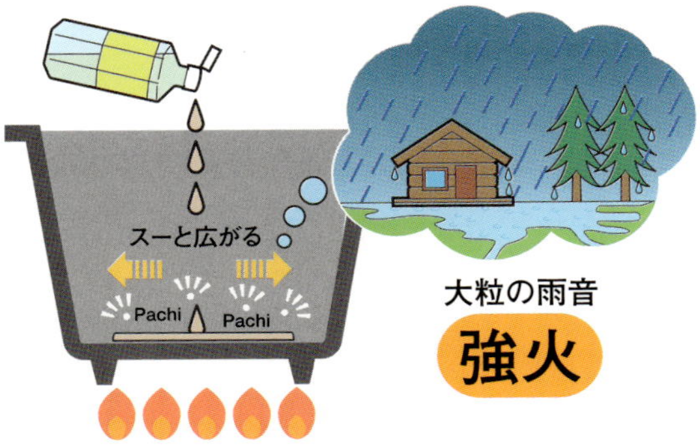

パチパチパチという大粒の雨音

油をダッチオーブンの内底に引くとスーッと伸び、パチパチという大粒の雨音のようなはじけた音がする。この状態が強火。

→ 強火

方法2 湯の沸き具合でチェック！

ダッチオーブンの3分の1くらいのところまで水を入れて火に掛けると、湯の沸き具合で弱火～強火の温度をチェックすることができる。

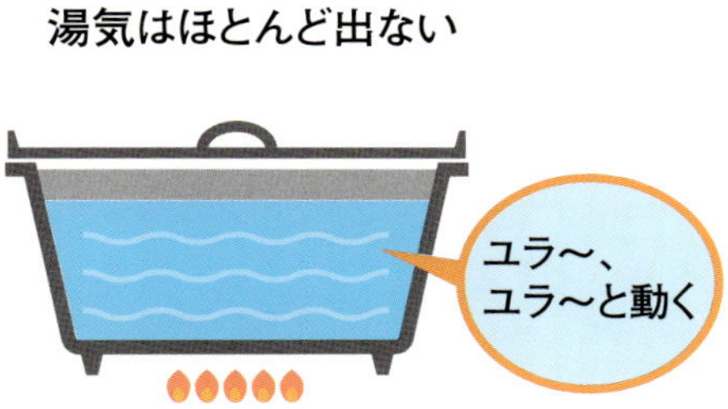

湯がユラ～ユラ～

ダッチオーブンの中に入れた水がなんとなくユラ～、ユラ～と動いているようならそれは弱火。湯気がほとんど出ないので、よく見ないと確認しづらい。だいたい人肌くらいの温かさ。

→ 弱火

小さな泡がコトコト

水の中で小さな泡が立ち、コトコトしている状態が中火。湯気も立ち始める。この状態のダッチオーブンに、手を入れたりひっくり返すとヤケドするので注意。この状態をキープするのは以外と難しい。

→ 中火

大きな泡がグツグツ

水の表面が揺らぎ、大きな泡が絶えずグツグツ立ち上がる状態が強火。湯気も大量に出る。一目瞭然、沸騰しているような状態になっている。強火のときはダッチの状態や周辺状況にも十分注意したい。

→ 強火

蒸す

煮る

焼く

ど定番料理

完全マスター

ダッチオーブンの活用法、炭火のヒートコントロールを覚えたら、あとは実践で腕を磨くのみ。ここでは、ダッチオーブンで定番になっている料理を調理法別に6レシピ紹介。焼く、煮る、蒸す、炊く、揚げる、薫製。それぞれの調理法に合った〝ダッチオーブン実践的クッキング術〞をしっかりマスターしよう。

DUTCH OVEN

アイコンの見方

加熱方法

ダッチ料理を作るときの、本体底からの下火、フタの上からの上火、それぞれの最大火力を示す。ただし、火力は天候や気温に影響を受けるのであくまで目安。

調理時間

食材の下ごしらえから、ダッチオーブンに入れての加熱調理、完成までに掛かる時間の目安。レシピ通りに作ったときの時間を測定している。

調理難易度

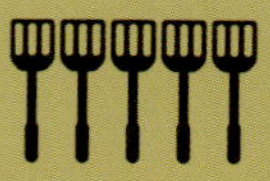

調理難易度は、調理の手間や要求される火力調整の繊細さなどを総合判断したものを表記した。挑戦する料理選びの参考にしてほしい。

※分量の目安／計量スプーンに大さじ＝15cc、小さじ＝5cc。計量カップは1カップ＝200cc。米1合＝180cc

TECHNIC&RECIPE

ダッチオーブン

鉄鍋テクニック調理法別

薫製

揚げる

炊く

ローストチキン

豪快なダッチ料理を楽しむならまずはコレ！　作り方はシンプル、かつワイルド。大きな丸鶏だって、そのままの姿でダッチオーブンに入れられる。肉の骨の芯までしっかり火を通してくれるから、香ばしい鶏の丸焼きが味わえる。

材料（4人分）

丸鶏（下処理済みのもの）　1羽
ニンニク　1個
塩、粗挽きコショウ　適宜
ローズマリーかタイム　ひとつまみ
オリーブ油　適宜
ジャガイモ　適宜
ニンジン　適宜
トウモロコシ　適宜
サツマイモ　適宜

加熱方法　上火＝中火　下火＝強火

調理時間　80 min.

調理難易度

作り方

1 丸鶏に塩と粗挽きコショウを振る。外側だけでなく、お腹の中にもしっかりと

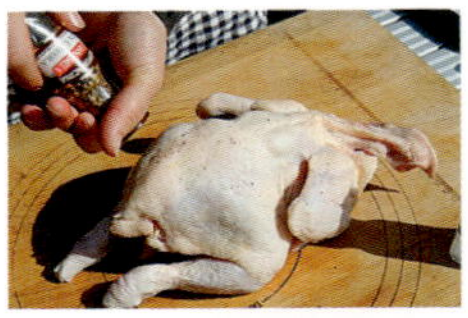

2 お腹の中に、皮をむいてつぶしたニンニクとローズマリー、タイムを詰めて、手足を縛る

3 予熱したDOにオリーブ油をなじませ、2の丸鶏を腹から載せる。強火で、まんべんなく表面に焼き色を付ける

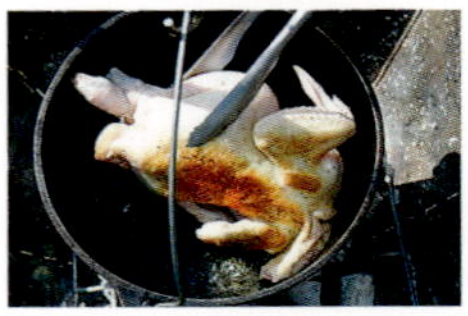

4 フタをして、上に炭を置く。上火は中火、下火は弱火にして30〜40分加熱

5 ジャガイモやニンジン、トウモロコシ、サツマイモを加えて、フタをしてからさらに20分ほど加熱すれば完成

DUTCH TECHNIC

上下から熱を加えてオーブン焼き

大きな肉をそのまま焼けるのは、ダッチオーブンならでは。オーブン焼きすれば、表面をパリッと、内側までジューシーに焼き上げてくれる。

ダッチオーブンの底に網を敷いて焦げを防止

下火が強すぎると焦げてしまうので注意。ダッチオーブンを吊るすアイテムがないときは、底に網を敷けば焦げ付き防止に。

プレヒートしながらおき火になるのを待つ

P54でも触れたが、プレヒートはダッチオーブンの実力を発揮するうえで重要。炭がおき火になるのを待つと同時に、プレヒートしよう。

野菜は皮をむかなくてOK！

ダッチオーブンが持つ圧力鍋効果で、素材は芯まで柔らかくなる。野菜は皮まで十分に柔らかくなるのでむかなくてもOK。

上下からやさしく焼き上げて表面カリッと芯までジュワッと

とろとろチャーシュー

煮る

コトコト煮込んだ豚肉が、とろとろチャーシューに変身！煮物は、じんわりしっかり熱を伝えるダッチオーブンの得意分野。鍋全体で素材を包み込むようにして熱を伝えるから、芯まで味が染み込んだチャーシューができあがる。

材料（4人分）

豚バラ肉（ブロック）　500g×２本
長ネギ　１本
ニンニク　１片
サラダ油　大さじ１
はちみつ　¼カップ
ゆで卵　４個
塩　ひとつまみ

A
しょうゆ　１カップ
紹興酒（または酒）　１カップ
砂糖　½カップ
味噌　大さじ１
水　１カップ
赤唐辛子　１本
八角（好みで）　１個

加熱方法
上火＝なし
下火＝強火

調理時間
100 min.

調理難易度

作り方

1 豚肉の内側（脂の付いていない側）に浅く包丁を入れ、全体に塩をまぶして手ですり込む。タコ糸で端から巻いていき、カタチを整える

2 長ネギの青いところは手でちぎり、白い部分は長さを半分に切る。ニンニクは包丁の腹でつぶす

3 DOを熱してサラダ油をなじませ、野菜を炒めて香りを出す。豚肉を入れて転がしながら、強火で全体に焼き色を付ける

4 Aを加えて煮立ったらフタをする。弱火で１時間くらい煮込む。30分後に一度肉を裏返す

5 はちみつを加えて、ゆで卵を加え、中火で煮汁を煮詰める。ときどき肉の上下を返したり、煮汁を掛けたりする。煮汁が半分になったらできあがり

DUTCH TECHNIC

ウォーターシール効果で煮汁は少しでOK！

鍋の中で発生した蒸気は、鍋とフタの間に膜を張る。この「ウォーターシール効果」で、密閉性はさらに高まり水分を逃さずに封じ込める。

煮詰めるときはフタを取って加熱

煮汁を蒸発させるまで煮詰めるのはダッチオーブンの苦手分野。自慢の密閉性のおかげでフタをしたままでは煮汁が全然減ってくれない。

チョロチョロ湯気が最適な火加減の目安

逃げ場を失った湯気が、鍋とフタの間からほんの少しチョロチョロ出ているくらいが、煮るときのベストな火加減。

肉は粗熱を取ってから切る

煮た肉を切り分けるときは、火から離して粗熱を取ってから切ろう。熱い状態で包丁を入れると、やわらかくなった肉が崩れ、うまみが溶け出てしまう。

かたまり肉もとろけさせるダッチオーブン・マジック

蒸す

蒸しパン

ダッチオーブンは、パン作りだってお手のもの。ダッチオーブンの持つ高い圧力性能によって、素材の持つうまみを、ギュッと閉じ込めて凝縮された味を実現できる。ふんわりと蒸し上がったパンは、ほっぺが落ちる甘い味わい。

材料（4人分）

ホットケーキミックス　200g
卵　２個
砂糖　大さじ１
はちみつ　好みで
牛乳　大さじ４
オリーブ油　大さじ１と½
黒ゴマ　ひとつまみ

加熱方法　上火＝なし　下火＝中火

調理時間　20 min.

調理難易度

作り方

1 ボウルにオリーブ油と砂糖を入れて混ぜ、溶きほぐした卵を２～３回に分けて加える

2 はちみつを混ぜ入れ、ホットケーキミックスと牛乳を交互に加えてヘラで混ぜ合わせる

3 2をカップの６分目まで流し入れ、黒ゴマを散らす

4 DOの底に、石（スペーサー）を置いてから網を載せ、湯を沸かす

5 蒸気の上がるDOに3を並べ入れ、フタをして強火で１分。その後弱火にして15分蒸す

DUTCH TECHNIC

専用網と専用ゴトクで黒鍋型蒸し器が完成！

「ステンレスプレート」と「エクストラスペーサー」（ともにコールマン）は組み合わせて使うことが可能。食材を載せるのに安定感抜群。

普通の焼き網は石に載せて使う

専用器具がない場合も心配なし。普通の丸網を石に載せてもOKだ。また、石のかわりにアルミホイルを丸めて焼き網を載せてもOK。

箸で隙間を作って蒸気量を調節

立ち上る蒸気の量が多い場合は、ダッチオーブンのフタと本体の間に、箸を挟み込む。隙間を作って、蒸気を逃がすようにする。

魚介類を蒸すときは耐熱皿で

魚介類を蒸す場合は、耐熱皿（ホーロー加工皿でも可）を使えばほかの食材と同様に、蒸すことが可能。魚介類を皿に入れてから、網に載せて蒸す。

ダッチオーブンは圧力鍋！パンをふんわり蒸し上げる

海鮮パエリア

鍋全体に熱を加えると、鍋の中できれいに対流が起こる。ダッチオーブンは、そんな理想的な炊き方を実現する。米ひと粒ひと粒に圧力効果も加わり、ふっくらおいしいご飯を炊き上げることが可能なのだ。

材料（4人分）

貝（ムール貝またはアサリ）　10個
エビ（殻付き）　6尾
イカ　1杯
タマネギ（乱切り）　1個
パプリカ（赤・黄）　各½個
インゲン（半分の長さに）　5本
黒オリーブ　10粒
米　3合
オリーブ油　大さじ1
サフラン　ひとつまみ
白ワイン　½カップ
ニンニク（みじんぎり）　1片
<スープ>
水　2¼カップ　塩、コショウ　各少々

加熱方法　上火＝なし　下火＝強火

調理時間　25 min.

調理難易度

作り方

1 アサリは砂を吐かせておく。エビは背わたを取り、イカは下処理をして食べやすい大きさに切る。サフランは白ワインに漬けておく。スープの材料を温めておく

2 DOでオリーブ油を熱し、ニンニクとタマネギを強火でサッと炒める。タマネギが透き通ってきたら、インゲンとパプリカ、魚介類を加えてさらに炒める

3 アサリが半分くらい開いたら、米を2度に分けて炒める

4 米が透き通ってきたら、1のサフラン入り白ワインとスープを加える

5 米がスープを吸って水気がほぼなくなったら、黒オリーブを散らしてフタをする。ごく弱火で3分加熱し、火を止めて7～8分蒸らす。飾りにパセリのみじん切りを散らしてもOK

DUTCH TECHNIC

水の分量は少なめ！米と1対1程度でOK

ダッチオーブンは密閉性が高く、水分を逃さないために、普通のご飯釜で炊くときよりも水は少なく入れる。水と米は1対1程度で。

湯気が出てきたら火力を弱める

ダッチオーブンで米をおいしく炊くコツは、中火から弱火へと火力を弱めること。湯気が出てきたときが、火力を変えるときの目安。

パエリアを作るのはスキレットが最適

パエリアは炒める→炊くという手順が必要だが、キャンプダッチやキッチンダッチは炒めづらいのが弱点。スキレットでの調理が最適。

いろいろな炊き込みご飯にチャレンジしよう

パエリアの作り方をマスターすれば、同じ作り方で、いろいろな炊き込みご飯が楽しめる。上の写真は、「鮭といくらの親子ゴハン」。

ダッチオーブンで炊いたご飯は米ひと粒ひと粒がふっくら！

揚げる

フライドチキン

揚げ物はダッチオーブンの隠れた得意分野。蓄熱性が高く、食材を入れても油の温度が急激に下がらない。しかも、圧力鍋で調理したように素材の芯まで柔らかく仕上げてくれるから、あのカーネルおじさんも参考にしたらしい。

材料（4人分）

骨付き鶏もも肉　4本
強力粉　適宜
揚げ油　適宜
＜下味＞
酒　大さじ1
ニンニク（すりおろし）　1片
ショウガ（すりおろし）　ひとかけ
塩　小さじ½
コショウ　少々

加熱方法　上火＝なし　下火＝強火

調理時間　70 min.

調理難易度

作り方

1 ジッパー付き袋に鶏もも肉を入れ、下味の材料を入れる。袋の上から揉み込むようにしてよく絡め、30分～1時間置く

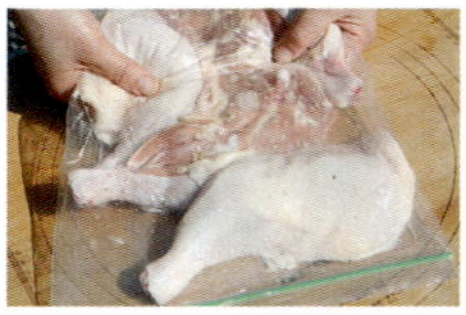

2 ジッパー付き袋に強力粉を入れ、全体にまぶす

3 DOの本体が温かくなる程度に予熱し、揚げ油を深さ2cmほど入れて170～180℃に熱する

4 鶏もも肉を静かに入れ、フタをして弱火で7分ほど揚げる

5 フタを取って鶏もも肉をひっくり返し、強めの下火で3分ほど揚げる。全体がカラリとしたら完成

DUTCH TECHNIC

揚げ油は控えめに投入

揚げ油も、やはり量が少なく済むのがダッチオーブンの特徴。目安としては、鍋底から2～3cmくらいまで入れればOKだ。

大きな食材を揚げるときはフタ

小さな食材はフタをせず揚げてもいいが、ブロック肉などの大きな食材はフタをする。ダッチオーブンの圧力機能で食材の芯まで熱が通る。

カラリと揚げる秘訣は最後の火力アップ

鶏肉をひっくり返した後は、そのままフタをしないで、火力をアップ。強火にして余分な水分を飛ばせば、よりカラリとした仕上がりに。

油の温度の見分け方

揚げ油の温度は、箸を使って調べることが可能。濡れ布巾で拭いた箸を油の中に入れる。上の写真のように、泡が出る状態がフライに適した温度。

ダッチオーブンならカラリと揚がる！

薫製

おつまみスモーク

薫製と聞くと、ビギナーには手が出しづらい玄人っぽい料理と思われがち。しかし、ダッチオーブンなら、スモーク専用器具なんかなくても簡単にスモークが楽しめる。気軽にいろんな薫製に挑戦してみよう。おつまみにピッタリ！

材料（4人分）

ウインナー
ホタテ（ボイル）
エビ（ボイル）
タコ（ボイル）
うずら卵
チーズ
ちくわ
バゲット
塩、コショウ　少々
※スモーク食材の分量はすべてお好みでOK！

加熱方法　上火＝なし　下火＝中火

調理時間　20 min.

調理難易度　1/5

作り方

1 スモークをする食材に塩、コショウを振る

2 DOにアルミホイルを敷き、底上げした網をセット。網の下にウッドチップを入れる

3 DOを火に掛け、チップから煙が出てきたら、その上に食材を並べる。フタと本体の間に箸などを挟んでフタをする。弱火にして、チップからの煙で食材に色が付いたらOK

薫製方法の種類

スモークの方法は、薫製温度や薫製時間によって「冷薫」「温薫」「熱薫」の3つに分けられる。それぞれに適した薫製メニューがあるが、ダッチオーブンに最適なのが熱薫。高温にしてサッと香りだけを付ける。短時間で済むので、スモーク・ビギナーにはピッタリだ。

	冷薫	温薫	熱薫
温度	15～30℃	30～80℃	80～140℃
時間	5～20日間	1～6時間	5分～1時間

DUTCH TECHNIC

ダッチオーブン薫製はスモークチップを使用
スモークには、いぶす煙を出す薫煙材が必要。チップとウッドの2種類あるが、ダッチオーブンではチップを使う。

ダッチオーブンをスモーカーにする方法
アルミホイルを敷き、網を底上げ。そこに薫煙材となるチップを中に入れる。場合によって油受けとなる皿も必要。

隙間を作って空気を入れる
ダッチオーブンは密閉性が高過ぎ、空気が入らずチップの火が消えてしまう。箸を挟んでフタをずらそう。

魚介類はボイルして水気を取ってから
水気のある食材をそのままスモークすると、苦みがきつくなる。ボイルした後、水気をふき取ってからスモーク。

溶けやすいものはアルミホイルを付けて
チーズなど溶けやすいものをスモークするときは、食材の下にアルミホイルを付けておけば大丈夫。

スモーカーなんてなくても薫製料理が楽しめる！

RECIPE 1

ダッチオーブンで作る
肉料理

DUTCH OVEN

食材の芯まで熱を伝えてくれるダッチオーブンは、
大きなブロック肉だって、そのままでＯＫ！
ダッチオーブンが持つ独特な熱の伝え方は、
肉を柔らかく、うまみたっぷりに仕上げてくれる。

焼
煮
炊
蒸
揚
薫

加熱方法

調理時間 45 min.

調理難易度

大人数が集まったらやっぱりコレ！

ローストビーフ

材料 （4～5人分）

牛肉（ブロック）	2kg
ニンニク	1片
セロリ	1束
タマネギ	4個
ニンジン	4本
ジャガイモ	4個
クレイジーソルト	適量
塩、コショウ	各適量

作り方

1 牛肉に切り込みを入れ、皮をむいたニンニク片を詰める。タコ糸でしっかり巻き、クレイジーソルトと塩、コショウをすり込む

2 熱したDOのフタで肉の周囲を焼いて焼き色をつける。DOの本体に網を置き、肉を載せる。周囲に野菜を追加

3 上下から弱火で30分ほど加熱。肉を取り出してアルミホイルでくるみ、粗熱を取ったら完成

ポイント

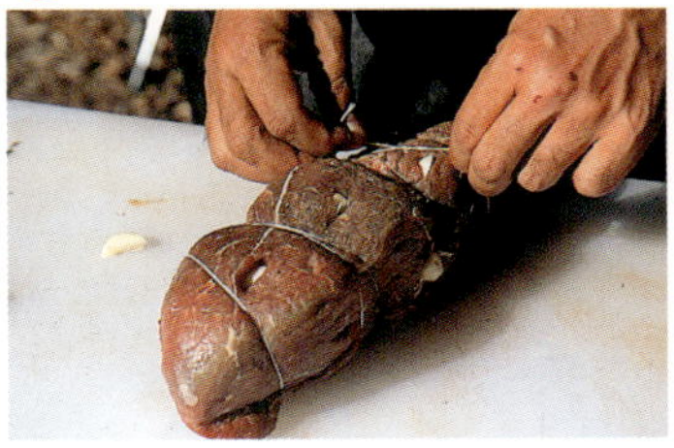

タコ糸で肉を巻くときは、グルグル巻きにして形を整えよう

肉の焼け具合は、串を差し込んでスッと入れば中まで焼けている証拠

一見難しそうだけど、作り方は意外と簡単。
肉の表面をこんがりと焼きつけて、うまみをギュッと閉じ込める。
切り口の鮮やかなピンク色に食欲がそそられる。
クリスマスやパーティーで披露してみてはいかが？

しっかりした味付けが白いご飯にピッタリ！

牛肉と里芋の煮込み

里芋は栄養満点で植物繊維や水分が多く低カロリー。
体力回復、美容などに効果絶大のパワーを持つ！
コトコト煮込んで、しっかり味の付いた煮込みは激ウマ。
ホクホクの里芋＆柔らかい牛肉、ご飯がもう止まらない！

加熱方法

調理時間 50 min.

調理難易度

材料（4人分）

里芋（小）	12個
牛カルビ肉	300g
うずらの卵(ゆでたもの)	8個
長ネギ(粗みじん切り)	½本
ショウガ(粗みじん切り)	ひとかけ
サラダ油	大さじ1
塩	少々
〈A〉	
だし汁	2カップ
酒	¼カップ
〈B〉	
砂糖	大さじ2
みりん	大さじ1
しょうゆ	大さじ3

作り方

1. 里芋は皮をむき、塩をまぶしてこすり合わあせてぬめりを出し、水洗いする。塩少々を入れたお湯で3分ほどゆでる
2. DOにサラダ油を熱し、長ネギとショウガを入れて炒める。香りが出てきたらひとくち大に切った牛肉を加えて炒める
3. 肉の色が変わってきたらAを加え、煮立ったらアクを取る。フタをして弱火で30分ほど煮込む
4. 肉が柔らかくなったら里芋とうずらの卵、Bを加え、煮汁が半分以下になるまで煮込む

里芋は塩を振って手揉み

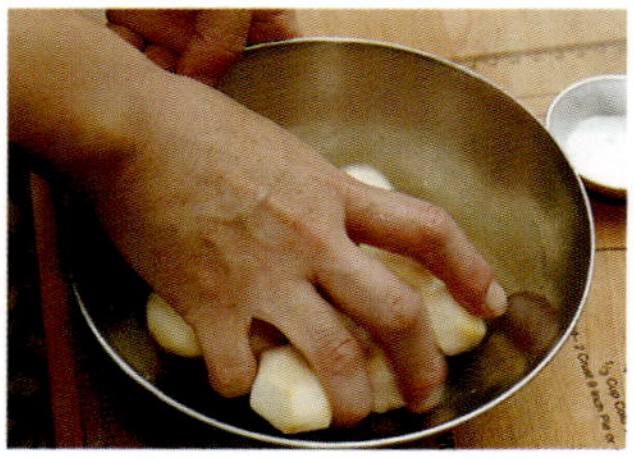

皮をむいた里芋は、塩少々を振って手で揉みながらぬめりを引き出す

加熱方法

調理時間 35 min.

調理難易度

パーティーメニューにもオススメ！

リンゴと骨付きチキンのクリーム煮

材料 (2人分)

リンゴ	1個
骨付き鶏もも肉	2本
ニンニク(みじん切り)	1片
タマネギ(薄切り)	1個
マッシュルーム	6個
シードル(または白ワイン)	2カップ
ローリエ	2枚
塩、コショウ	各適宜
薄力粉	適宜
バター	大さじ2
生クリーム	1カップ
レモン汁	大さじ1

作り方

1 鶏肉に塩、コショウを振り、薄力粉をまぶす。リンゴはくし形切りにしてから薄切りにし、レモン汁を振り掛ける

2 スキレットにバターとニンニクを入れて弱火で炒め、香りが出てきたらタマネギを加えてしんなりするまで炒める

3 中火にして 1 の鶏肉の両面を焼き、シードルとローリエを加える。煮立ったらアクを取ってマッシュルームとリンゴを入れる

4 ふたをして弱火で 20 分ほど煮たら、生クリームを加え、塩、コショウで味を調える

ポイント

リンゴを入れて軽くひと混ぜしてから、フタをしてできあがりを待つ

リンゴを使ったとってもおいしい煮込み料理。
肉との相性は意外にばっちり！
甘酸っぱい酸味が、肉を柔らかく、味わい深くしてくれる。
絶品のソースも残さずいただこう！

スープも残さずいただきましょう！

鶏肉のネギ蒸し

作り方は簡単ながら、奥深い味わいの蒸し料理。
柔らかな鶏肉に、ネギの香ばしさと甘みをプラス。
栄養のバランスが取れたヘルシーな一品は、女性たちにも大人気。
鶏のスープが染み込んだトロトロのネギも一緒にいただこう。

加熱方法

調理時間 60 min.

調理難易度

材料（4人分）

鶏もも肉（ぶつ切り）	500g～1kg
長ネギ	3本
ショウガ（みじん切り）	ひとかけ
赤唐辛子（輪切り）	1本分
〈A〉	
日本酒	½カップ
塩	大さじ1
コショウ	少々

作り方

1. ボウルに鶏肉、赤唐辛子、斜めに薄切りした長ネギ（1本分）、ショウガを入れ、Aを加えてよく混ぜる
2. そのまま30～40分ほど漬け込んでおく
3. 温めたDOに、残りの長ネギ（ざく切り）を敷き詰め、その上に1を並べる
4. フタをして火にかけ、蒸気が出てきたら弱火にして15～20分ほど蒸す

ポイント

ダッチオーブンの底が見えなくなるくらい、たっぷり長ネギを敷き詰めよう

加熱方法

調理時間 90 min.

調理難易度

酸味の効いたオレンジソースが美味

鶏もも肉のオレンジソース煮

材料 (4人分)

骨付き鶏もも肉	4本
ニンニク(みじん切り)	ひとかけ分
タマネギ(薄切り)	1個分
塩、コショウ	各少々
オレンジジュース	1カップ
白ワイン	1カップ
レモン（輪切り）	½個分
水	1カップ
固形スープの素	2個
バター	大さじ2

作り方

1. 鶏肉は皮目に数カ所フォークで穴を開け、塩、コショウを振って、オレンジジュースに30分～1時間漬けておく
2. DOにバターを熱してニンニクとタマネギを炒め、タマネギがしんなりしたら、鶏肉を入れて焦げ目をつける
3. 水と固形スープの素、1のつけ汁、白ワインを加えて中火で煮る
4. レモンの輪切りを加えて2～3分煮たら、塩、コショウで味を調える

ポイント

フォークで鶏肉の皮目を刺して、細かな穴を開けておこう。より味を染み込ませるための下準備

子どもにも大人にも人気のある骨付きの鶏もも肉を使ったお手軽料理。
フォークで楽々ほぐせるほど、トロリと柔らかく煮込まれた骨付きチキンは
ご飯にもパンにも合う豪快な一品。
爽やかなオレンジの香りとチキンのうまみを楽しもう。

汁までおいしい真っ黒な煮物

豚肉と大根の黒ゴマ煮

加熱方法

調理時間 45 min.

調理難易度

地味な存在の大根も、調理法次第でメインディッシュに早変わり！
じっくり煮込むと大根に豚肉の味が染みてとてもおいしくなる。
ご飯のおかずはもちろん、お酒のつまみにもピッタリ。
寒〜い季節はやっぱり温かい料理で決まりだね！

材料 （4人分）

豚バラ肉（かたまり）	200g
大根（乱切り）	¼本
ショウガ	ひとかけ
長ネギ	½本
黒ねりゴマ	大さじ2
サラダ油	適量
〈A〉	
水	3カップ
しょうゆ	大さじ2
砂糖	大さじ1½
酒	大さじ1

作り方

1. DOにサラダ油を熱し、大根を焼き色がつくまで炒めていったん取り出す
2. つぶしたショウガと、4〜5cmの長さに切った長ネギを炒め、香りが出たら豚バラ肉を入れてさらに炒める
3. Aを加えて、フタをして弱火で20〜30分ほど煮て、1を入れてさらに20分煮る
4. 黒ねりゴマを加えてよく混ぜ合わせ、フタを取って中火で5分ほど煮込む

豚バラ肉は炒めておく

豚バラ肉は、煮る前に焼き色がつく程度に炒めておく

焼
煮
炊
蒸
揚
薫

加熱方法

調理時間 70 min.

調理難易度

ニンニクとハーブの香りが食欲をそそる

豚肉のポットロースト

材料（2人分）

豚肩ロース肉(ブロック)	500g～1kg
ジャガイモ（小）	2個
ニンジン（小）	2本
ニンニク	4片
ローリエ	10枚
タイム	2枝
塩、コショウ	各少々
ニンニク(すりおろし)	1片
オリーブ油	大さじ2

作り方

1. 豚肉にナイフで4カ所穴を開け、半分に切ったニンニクをそれぞれの穴に2個ずつ埋める。すりおろしたニンニク、塩、コショウを全体にすり込む
2. 温めたDOにオリーブ油をひき、豚肉の表面をこんがりと焼きつけていったん取り出す
3. DOの底にローリエを並べ、豚肉を置く。その上にもローリエを並べ、タイムを載せる
4. 豚肉にアルミホイルをかぶせ、フタをして弱火の下火で1時間焼く。30分経ったところでジャガイモとニンジンを加えて、一緒にローストする

ポイント

ローリエで豚肉を包むようにする。あとはアルミホイルをかぶせて弱火でローストする

豚のブロック肉をそのまま使った簡単だけど豪快な一品。
外は香ばしく、中はとってもジューシーな焼き上がり。
ニンニクとハーブの香りが食欲をそそる。
丸ごとローストした野菜も一緒に食べて栄養満点！

ガッツリ食べてもりもり遊ぼう！

スペアリブのスタミナ煮込み

加熱方法

調理時間 50 min.

調理難易度

材料 （4人分）

スペアリブ	500g
うずらの卵(ゆでたもの)	10個
ニンニク	5片
赤唐辛子	1本
チンゲン菜(ゆでたもの)	1株
サラダ油	大さじ1
〈A〉	
水	2カップ
コチュジャン	大さじ2
砂糖	大さじ1
塩	小さじ½
しょうゆ	大さじ1

作り方

1 DOにサラダ油とニンニク、赤唐辛子を入れて熱し、スペアリブの表面を焼き付ける

2 Aを加え、煮立ったらアクを取る。フタをして弱～中火でコトコトと30分煮る

3 うずらの卵を加え、フタをはずして中火で煮る。煮汁が鍋底から1cmくらいになるまで煮詰めたらできあがり

4 器に盛り付け、チンゲン菜を添える

ボリューム満点！　アウトドアの食卓を豪華に演出。
とろけるように柔らかく煮込まれたスペアリブは絶品！
骨まで味が染み込んでいるから、
手づかみで骨の回りのおいしい部分もしっかり味わおう。

ポイント

スペアリブを煮込む前に、こんがりと焼き色をつけるのがおいしく仕上げるコツ

加熱方法

調理時間 40 min.

調理難易度

完熟トマトとラムは好相性！

ラムのトマト煮込み

材料（4人分）

ラムチョップ	8本
完熟トマト（ざく切り）	3個
ニンニク（薄切り）	1片
小タマネギ	8個
ニンジン	1本
ジャガイモ（大）	2個
赤ワイン	¼カップ
セージ（生葉）	2枚
固形スープの素	2個
塩、コショウ	各適宜
オリーブ油	大さじ1

作り方

1 DOにオリーブ油とニンニクを入れて加熱。塩、コショウをすり込んだラムチョップを入れ、両面を焼いたらいったん取り出す

2 トマト、ひとくち大に切ったニンジンとジャガイモ、皮をむいた小タマネギを入れて中火で炒め、赤ワイン、固形スープの素を加える

3 煮立ったらラムチョップを戻し入れ、セージを加え、フタをして弱火でコトコトと20～30分ほど煮込む。最後に塩、コショウで味を調える

ラム肉とトマトは相性抜群でおなじみの組み合わせ。
クセのあるラム肉も、ハーブの香りでとっても食べやすくなる。
たくさんの野菜が入って、栄養バランスに優れた一品。
できたてのアツアツを豪快にいただこう。

ポイント

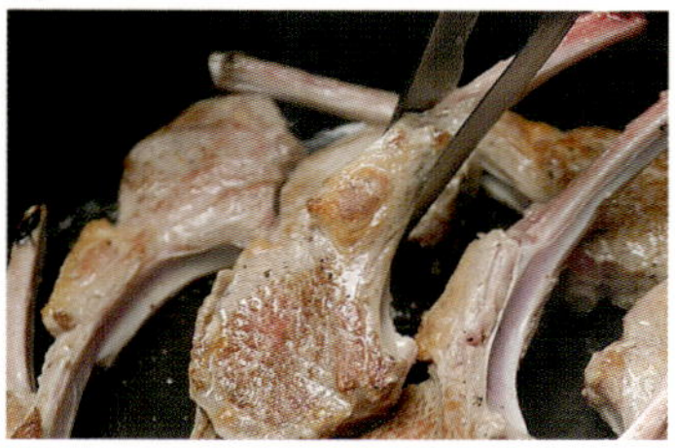

ラム肉は中まで火は通さず、両面に焼き色をつけて、うまみを閉じ込めるのがコツ

RECIPE 2

ダッチオーブンで作る
魚料理

ダッチオーブンで作った魚料理はいつもと違う。
一瞬にして魚の表面をジュッと焼き上げることで、
魚のうまみを閉じこめ、そのすべてを味あわせてくれる。
ダッチオーブン魚料理のスゴさは、食べたら分かる。

DUTCH OVEN

加熱方法

調理時間 10 min.

調理難易度

パンにもご飯にも合う万能おかず

鮭のレモンバターソテー

材料 (2人分)

鮭	2切れ
塩、コショウ	各少々
小麦粉	適宜
オリーブ油	大さじ1
ニンニク(スライス)	1片
バター	大さじ1
白ワイン	¼カップ
レモン(スライス)	2枚
はちみつ	大さじ1
レモン汁	大さじ2

作り方

1 鮭に塩、コショウを振り、小麦粉を軽くはたく

2 DOにオリーブ油とニンニクを入れて熱し、香りが出てきたら1の鮭を並べ入れて中火で両面を焼く

3 鮭を取り出し、バター、白ワイン、レモンスライスを入れて1～2分煮詰めたら火を止める。はちみつとレモン汁を加えてよく混ぜ合わせ、鮭を戻し入れてよくからめる

ポイント

鮭に小麦粉をまぶしたら、軽くはたいて余分な粉を落としておこう

焼いても、揚げても、鍋にしてもおいしい鮭。
一年中売られていて、子どもから大人まで人気の食材だ。
レモンバターのソースはワインにピッタリ合う。
いつもの塩焼きとは違った洋風料理。オシャレに仕上げた一品。

ハーブを使ったサンマの洋食メニュー

サンマのガーリックハーブ焼き

秋の味覚といえば、脂がたっぷりのったサンマ！
塩焼きもおいしいけど、ひと手間加えた料理にチャレンジ。
ハーブの香りでいつものサンマが洋風に大変身！
今宵は冷えた白ワインで食卓を囲んでみてはいかが？

加熱方法

調理時間 15 min.

調理難易度

材料（2人分）

サンマ	2尾
ニンニク（スライス）	2片
タイム	2枝
オリーブ油	大さじ2
塩	ふたつまみ
レモン	適宜

作り方

1. DOにオリーブ油とニンニクを入れて加熱。香りがしてきたら塩をまぶして下ごしらえしたサンマを入れる
2. タイムをサンマの上に散らし、フタをして弱火で5〜6分加熱する
3. 器に盛って、レモン汁をかけていただく

ポイント

サンマは胴を半分に切って、塩を全体にまぶして下ごしらえ

オリーブ油にニンニクの風味をなじませてからサンマを入れる

加熱方法

調理時間 40 min.

調理難易度

塩で包めば鯛の甘みが引き立つ

鯛の塩釜焼き

材料 (4人分)

鯛	1尾
粗塩	1.5kg
レモン	1個

作り方

1. DOに網を置いてアルミホイルを敷く。その上に粗塩をたっぷり敷き詰めておく
2. 下ごしらえした鯛の皮目に、十字に包丁を入れる。クッキングペーパーで包み、すっぽりと隠れるように塩をかぶせる
3. フタをして、下火のみの中火で約40分蒸し焼きにする。好みでレモン汁を搾って食べよう

ポイント

鯛の下処理は、エラ、ウロコ、内蔵を取り除いてよく洗い、水気をふき取る

塩は加熱するとカチカチに固まる。ハンマーなどで力強く叩き割ろう

卵白を使わないスペイン風の塩釜焼き。
豪快だけど繊細な味わい。ぜひチャレンジしてほしい。
クッキングペーパーで包むので、塩辛過ぎることはない。
身をほぐしてパスタに載せたり、ご飯に混ぜても美味！

クッキングペーパーで包むからしっとり仕上がる

白身魚の紙包み焼き

紙包み焼きはイタリアでは「カルトッチョ」と呼ばれるおなじみの家庭料理。
素材のうまみを逃がさずまるごと包み込むから、
できあがりはふっくら上品な味わい。
旬の魚介や野菜を好きなだけ包んで、どんどん食べよう。

加熱方法

調理時間 20 min.

調理難易度

材料 (4人分)

白身魚	4切れ
ニンニク(スライス)	1片
シメジ	1房
エノキ	1株
ミニアスパラガス	12本
バジル（飾り用）	少々
ピザソース	大さじ4〜6
塩、コショウ	各少々
オリーブ油	少々

作り方

1. 白身魚に塩、コショウを振る。キノコ類は石づきを取り、小房に分ける
2. クッキングペーパーの中央にエノキを載せてオリーブ油を掛けその上に白身魚を重ねる
3. 2の上に1のシメジとミニアスパラガス、ニンニクを載せてピザソースを掛ける。クッキングペーパーの端を折って口をしっかりと閉じる
4. DOを熱し、3を入れてフタをする。中火で10分くらい焼く。食べる時にバジルを載せる

ポイント

材料を入れたらクッキングペーパーの四隅をしっかりと折り込んで、中身が出ないようにする

だしの染み込んだおつゆもおいしい！

鯛と大根の煮物

加熱方法

調理時間　30 min.

調理難易度

材料　(4人分)

鯛(小さいもの)	2尾
大根	½本
だし汁	8カップ
酒	½カップ
薄口しょうゆ	小さじ1～2
塩	少々
ユズの皮	少々

作り方

1 鯛はウロコとワタを取り、1尾を３等分にぶつ切りにし熱湯を掛ける

2 大根は輪切りにし、片方の切り口に浅く十字に切り込みを入れる

3 DOにだし汁と酒を入れて煮立て、1の鯛と2の大根を入れて煮る。出てきたアクを取り、弱～中火でコトコトと煮る

4 大根が柔らかくなったら、塩と薄口しょうゆで味を調える。器に盛り、ユズの皮を散らす

やっぱり日本人に煮物は欠かせない。
鯛の柔らかい白身と上品な味は大根と相性がピッタリ。
ゆっくりコトコトと煮込んで、材料に味を染み込ませよう。
煮詰まったおつゆにうどんを入れて食べてもウマイ。

ポイント

鯛の下処理は、全体がうっすら白くなる程度に熱湯を掛ける

イカにアンチョビーのうまみをプラス！

イカチョビ炒め

加熱方法

調理時間 20 min.

調理難易度

パンにもご飯にも合うイタリアンな炒め物。
アンチョビーは風味のみならずコクをプラスする効果もあり。
もちろん、スタミナ満点！　いっぱい食べて元気モリモリ！
自分で釣ったイカなら新鮮でおいしさ倍増間違いなし。

材料（2人分）

スルメイカ	1杯
アンチョビー（フィレ）	2枚
ニンニク	1片
赤唐辛子（輪切り）	1本
パプリカ（赤・黄）	各½個
パセリ（みじん切り）	小さじ1
白ワイン	大さじ1
サラダ油	大さじ½
バター	大さじ1
塩、コショウ	各少々

作り方

1. イカは下ごしらえして、胴は輪切りに、足は2本ずつに切り分ける
2. アンチョビーは粗みじんに切る。ニンニクは包丁の腹でつぶし、パプリカはヘタと種を取り、薄い輪切りにする
3. スキレットにサラダ油とバター、ニンニク、赤唐辛子を入れて加熱。香りが出てきたら1のイカ、2のアンチョビーとパプリカを入れて炒める
4. イカの色が変わったら白ワインを加えてさらに炒める。塩、コショウで味を調え、パセリを散らす

イカの下ごしらえ方法

①イカの足を持って胴体から引き抜く　②エンペラを外し、足とワタを切り離す　③足の付け根の内側にあるクチを取り除く

焼
煮
炊
蒸
揚
薫

加熱方法

調理時間 30 min.

調理難易度

ピリ辛アツアツ鍋で温まろう！

海鮮チゲ

材料 (4人分)

エビ（有頭）	5尾
ワタリガニの足	4尾分
アサリ	1パック
鱈（切り身）	4切れ
シメジ	1房
ニラ	1束
長ネギ	2本
豆腐(大きめの角切り)	1丁
水	10カップ
〈A〉	
みそ	$\frac{2}{3}$カップ
コチュジャン	大さじ2
酒	大さじ2
しょうゆ	大さじ1〜2
ニンニク(すりおろし)	1片

作り方

1 シメジは石づきを取って小房に分け、ニラ、長ネギは食べやすい長さに切る

2 DOに水を入れて沸かし、沸騰したらワタリガニの足を入れて10分煮る

3 Aを加えて混ぜ合わせ、豆腐を加え、弱火にして豆腐に味が染みるまで煮込む

4 砂抜きしたアサリとエビ、鱈を加え、アサリの口が開いたら野菜を加えてひと煮立ちさせる

アツアツの鍋は冬の風物詩。人気の韓国風チゲで決まり！
栄養満点、具だくさんの鍋を豪快にいただこう。
魚介類と野菜のうまみがたっぷりのおいしいスープも見逃せない。
ピリッと辛く、新陳代謝も活性化！　美容にも良いチゲで温まろう！

RECIPE 3

ダッチオーブンで作る

野菜料理

**野菜って、こんなにおいしかったんだ!
ダッチオーブンで作った野菜料理をはじめて食べると、
きっと誰もが驚く。それは、素材のうまみを引き出す
ダッチオーブンの魔力。**

DUTCH OVEN

焼
煮
炊
蒸
揚
燻

加熱方法

調理時間 45 min.

調理難易度

超簡単！ 巻かないロールキャベツ

キャベツのミルフィーユ

材料 （4人分）

キャベツ	8枚
塩、コショウ	各適量
〈A〉	
合い挽き肉	400g
タマネギ（みじん切り）	1個
卵	1個
パン粉	大さじ2
塩	小さじ¼
粗挽きコショウ	少々
オールスパイス	少々
〈B〉	
水	1カップ
トマト水煮缶	1缶
固形スープの素	2個
ローリエ	1枚

作り方

1. ボウルにAを入れて粘りが出るまで混ぜ合わせる。キャベツは1枚を半分の大きさに切る
2. 鍋底にキャベツを敷き詰めたら、1のひき肉を載せる。これを3～4回繰り返して重ねる
3. 2にBを入れ、フタをして火にかけ、沸騰したら弱火で30分ほど煮る。最後に塩、コショウで味を調える

手間の掛からない簡単ロールキャベツ。
ギュッと詰め込まれた肉とキャベツの絶妙なバランス。
まるでミルフィーユのようで、見た目もじつにビューティフル。
煮込まれてうまみが凝縮したスープも絶品！

ポイント

キャベツ→ひき肉→キャベツ→ひき肉と、順番に重ねていく

ボリュームたっぷりのおかずサラダ

春菊とカリカリ豚のサラダ

くせのある春菊と、ニンニクを効かせたたれがからみ合い、
個性的だけど後引くうまさ！
白いご飯にも、酒のつまみにもぴったりのおかずサラダは
カリカリ豚とシャキシャキ春菊の歯ごたえが楽しい１品。

加熱方法

調理時間 10 min.

調理難易度

材料 （4人分）

豚こま切れ肉	200g
春菊	½把
タマネギ（小）	1個
塩、コショウ	各少々
〈A〉	
ポン酢しょうゆ	¼カップ
ニンニク(すりおろし)	1片
ゴマ油	大さじ1

作り方

1 春菊は茎以外をざく切りにする。タマネギは薄くスライスして水にさらし、しっかり水気を切る

2 豚肉は食べやすい大きさに切り、熱したスキレットでじっくりと焼き、塩、コショウで下味を付ける。豚肉の余分な脂は取り除きながら、カリカリになるまで中火で炒める

3 Aを混ぜてたれを作る。1と2を合わせて器に盛り、たれを掛けていただく

ポイント

春菊は、細い茎と葉っぱを3～4cmくらいの長さにザクザクと切る

豚肉から出た余分な脂はペーパータオルに染み込ませて取る

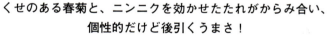

加熱方法

調理時間 20 min.

調理難易度

ニンニクと唐辛子で体の中から温まろう

すき焼き風ポカポカ鍋

甘辛の味が食欲をそそる日本独特の肉料理。
肉も野菜もたっぷり入れればスタミナもばっちり補給できる。
ボリューム満点、ゴージャスなのにとっても簡単。
みんなで囲めば、会話が弾むこと間違いなし！

材料（2人分）

牛薄切り肉	300g
長ネギ	2本
ニンジン	½本
大根	10cm
セリ	1束
モヤシ	1袋
ニンニク	2片
赤唐辛子の輪切り	1本
ゴマ油	大さじ1
〈A〉	
塩、コショウ	各少々
ゴマ油	小さじ1
ニンニク（すりおろし）	1片
〈B〉	
だし汁	2カップ
酒	1カップ
砂糖	½カップ
しょうゆ	⅔カップ

作り方

1. 牛肉は食べやすく切り、Aの材料を加えてよくもみ込む。Bの材料を混ぜて温める
2. 長ネギは2cm幅の斜め切りに、大根とニンジンは皮をむいて5cm長さの千切りに、セリは5cm長さに切る。ニンニクは包丁の腹でつぶす
3. DOにゴマ油を熱して2のニンニクと赤唐辛子を炒め、香りが出てきたら1の牛肉を加えて炒める
4. 2の野菜とモヤシを入れ、1の煮汁を加えて煮る。具に火が通ったらできあがり

西部劇でおなじみカウボーイ御用達料理

チリビーンズ

西部劇でおなじみの野外料理の定番チリビーンズ！
煮込めば煮込むほどおいしくなるから、ビギナーでも簡単！
パンに挟んでも、チーズを合わせてもGOOD。
バーボン片手に、気ままにカウボーイ気分を味わってみては？

加熱方法

調理時間　95 min.

調理難易度

材料　（4人分）

牛ひき肉	300g
レッドキドニービーンズ	1缶
タマネギ(みじん切り)	1個
ニンニク(みじん切り)	2片
トマトピューレ	1カップ
湯	3カップ
小麦粉	大さじ1
サラダ油	大さじ2
チリパウダー	適量
塩、コショウ	各適量
オールスパイス	適量

作り方

1 DOにサラダ油をひき、牛ひき肉を炒める。焦げ目がついたら、小麦粉を混ぜて、タマネギ、ニンニクを加える

2 塩、コショウで軽く味をつけ、トマトピューレと湯を1に注ぐ。フタをして30分ほど弱火で煮込む

3 レッドキドニービーンズを汁ごと加え、オールスパイスを入れてさらに30分煮込む

4 チリパウダーを加え、さらに30分煮込む

ポイント

クラッカーに載せれば、「おつまみクラッカー」としてもおいしくいただける

加熱方法

調理時間 15 min.

調理難易度

味の決め手はアンチョビー

じゃがチョビ炒め

材料 （4人分）

ジャガイモ（大） 2個
パプリカ（黄） 1個
アンチョビー（みじん切り） 2枚
ニンニク（みじん切り） ひとかけ
オリーブ油 大さじ1
アンチョビーの油 大さじ½
赤唐辛子（輪切り） 1本
塩、コショウ 各適宜

作り方

1. ジャガイモはよく洗ってから、皮付きのまま太めの拍子木切りにする。パプリカも同様の大きさに切る。
2. スキレットにオリーブ油とアンチョビーの油、赤唐辛子、ニンニクを入れて熱し、香りがしてきたら 1 を入れる
3. ジャガイモに火が通ったらアンチョビーを加えて、塩、コショウで味を調える

料理ビギナーでもぜひ一度作ってほしいお手軽料理。
ジャガイモは皮をむかずに使うから、面倒な手間は一切なし！
彩りもカラフルで食欲がそそられる。
アンチョビーの塩加減とジャガイモのおいしさがベストマッチ！

ポイント

アンチョビーは缶詰、瓶詰、ペースト状のものがある。調味料として隠し味に使おう

サックサクの歯ごたえがgood！

ゴーヤーのマサラフライ

加熱方法

調理時間　10 min.

調理難易度

材料（2人分）

ゴーヤー	1本
揚げ油	適量
チリソルト	適量
〈A〉	
小麦粉	½カップ
カレー粉	小さじ1
チリペッパー	小さじ¼
水	½カップ
塩	小さじ½

作り方

1. ゴーヤーは端を切り落として種とワタをかき出し、3～5mm厚の輪切りにする
2. Aの材料を混ぜ合わせて衣を作る
3. スキレットに油を底から1cmほど注いで熱する。温度は170～180℃。ゴーヤーに2の衣をつけて揚げる。チリソルトを振り掛けて食べる

ゴーヤーは沖縄家庭料理の代表選手。
スパイスの効いた衣で揚げれば、独特の苦味も克服できるかも？
ピリッとした辛さはビールにもピッタリ。
アツアツの揚げたてをサクサクっといただこう！

ゴーヤーの種の取り方

ゴーヤーの種はスプーンを使えば簡単に取れる。輪切りのときは横半分に切ってから、穴を掘るようにすればOK

加熱方法

調理時間 15 min.

調理難易度

夏バテ防止のスタンダードメニュー

梅豚ゴーヤーチャンプルー

こちらもゴーヤーを使った超定番料理。
ビタミンCたっぷり、ゴーヤーの爽やかな苦味がくせになる。
苦みはあるけど、この苦みが食欲増進の効果あり！
夏バテ対策はゴーヤーにおまかせだ！

材料（2人分）

豚バラ肉	100g
ゴーヤー	½本
厚揚げ	1枚
ニンニク(粗みじん切り)	1片
梅干し	1個
塩	少々
酒	大さじ1
卵	1個
しょうゆ	少々
かつおぶし	適量
サラダ油	適量

作り方

1 豚バラ肉はひとくち大に切る。ゴーヤーは縦半分に切って種とワタを取り、塩少々をふって軽く揉んで５分ほど置く。梅干しは種を取り、包丁で叩いて酒と混ぜる

2 DOにサラダ油をなじませてニンニクを炒め、香りが出たら1の豚肉と四角に切った厚揚げを炒める

3 肉の色が変わったら、1のゴーヤーと梅干しを加えて炒め合わせる

4 ゴーヤーに火が通ったら、ときほぐした卵を入れ、半熟になったらしょうゆで味を調える。火を止めてかつおぶしを加える

ポイント

塩で揉むことで、ゴーヤーの苦みが和らいで食べやすくなる

RECIPE 4

ダッチオーブンで作る
ご飯とパン

ダッチオーブンの優れた熱の伝え方は、ご飯やパンも
じつにおいしく仕上げてくれる。
ご飯はふっくらモチモチと、パンはこんがり香ばしく。
少し難易度は上がるが、果敢に挑戦してみてほしい。

DUTCH OVEN

加熱方法

調理時間 30 min.

調理難易度

パエリア風でとってもカラフル

スパイシー炊き込みご飯

材料 （2人分）

鶏手羽元肉	4本
米	2カップ
ニンニク(みじん切り)	1片
タマネギ(みじん切り)	½個
塩、コショウ	各少々
そのほか、好みの野菜など	
〈A〉	
湯	2カップ
スープの素	1個
カレー粉	大さじ1
塩、コショウ	各少々
バター	大さじ1
ローリエ	1枚

作り方

1. 米は炊く30分前にといでザルに上げて水気を切る。Aのスープを混ぜて温めておく
2. 鶏肉は塩、コショウをまぶし、DOで焼いていったん取り出し、ニンニクとタマネギを炒める
3. 米とスープ、鶏肉、野菜を入れて炊く（強火で加熱、沸騰したら弱火に）。蒸らし終えたら全体を混ぜ合わせる

ポイント

鶏手羽は表面をこんがり焼き上げるとおいしさが引き立つ

野菜たっぷり、カラフルなご飯はいかが？
スペインの代表的な料理をちょっとアレンジ。
ほんのりと香るカレーの風味が食欲がそそる。
おこげもカリカリしていて、またおいしい！

秋の恵みを味わうよくばりご飯

鶏カボチャご飯

加熱方法

調理時間 45 min.

調理難易度

材料 (4人分)

米	3合
水	3カップ
鶏ひき肉	150g
カボチャ（小）	¼個
ショウガ(みじん切り)	ひとかけ
〈A〉	
しょうゆ	大さじ1
酒	大さじ1
みりん	大さじ1
〈B〉	
酒	大さじ1
塩	小さじ1

作り方

1. 米は炊く30分前にといで、ザルにあげて水気を切る
2. DOにショウガと調味料Aを入れて煮立て、鶏ひき肉を入れてそぼろ状になるまでよく炒める
3. いったん火から下ろし、米とカボチャ、水、調味料Bを入れてひと混ぜし、フタをして火にかける
4. 普通に炊き、蒸らし終わったら上下を混ぜ返して器に盛る

アウトドアフィールドでもやっぱりご飯が食べたい！
秋の味覚、カボチャと一緒に炊き込むホッカホカご飯。
DOで炊くご飯ってなんでこんなにおいしいのだろう？
光り輝く白米と甘みのあるカボチャのコラボレーションは最高！

ポイント

鶏ひき肉を炒めたあと、いったん火から下ろしてからカボチャを投入

加熱方法

調理時間 15 min.

調理難易度

食べたら病みつきに！　名古屋めし風どんぶり

味噌ぶた丼

キャンプ料理にもってこい！　あっという間にできる簡単料理。
アツアツでも冷めてもおいしい名古屋めし風どんぶり。
味噌の濃厚なうまみが食欲をそそる。
食べるときは全部を混ぜて、一気にかき込んで豪快に食べよう！

材料（4人分）

豚薄切り肉	300g
ショウガ	ひとかけ
味噌	大さじ3
砂糖	大さじ2
酒	大さじ2
キャベツ（千切り）	適宜
塩	小さじ½
卵	4個
ごはん	好きなだけ
サラダ油	適量

作り方

1. 豚肉は小さめのひとくち大に切ってボウルに入れ、味噌、砂糖、酒を加えて揉み込むように混ぜ合わせる
2. 熱したDOにサラダ油をなじませ、ショウガと1の豚肉を入れて中火で炒める
3. 肉に火が通ったら強火にして水分を飛ばすように手早く炒める
4. キャベツは千切りにして、塩をふって軽く揉み、温かいご飯の上に載せる。炒めた豚肉を盛りつけ、目玉焼きを載せる

千切りキャベツのコツ

キャベツは葉を3〜4枚ずつ重ね、繊維を断つように端から細かく切る

甘酸っぱいけど香ばしいおいしさ

ハニーマスタードチキンサンド

加熱方法

調理時間 15 min.

調理難易度

材料 （2人分）

鶏むね肉	1枚
塩、コショウ	各適宜
トマト（輪切り）	1個
キャベツ（千切り）	⅛個
パプリカ（黄、輪切り）	1個
ピクルス（薄切り）	4本
食パン	4枚
バター、オリーブ油	各適宜
〈A〉	
粒マスタード	大さじ2
はちみつ	大さじ2
マヨネーズ	大さじ1

作り方

1 鶏むね肉は肉厚な部分を包丁で開いて厚さを均等にし、塩、コショウを振る

2 スキレットにオリーブ油を熱し、鶏肉の両面をしっかり焼いたら、そぎ切りにする

3 食パンにバターを塗り、キャベツ、トマト、パプリカ、ピクルスと、2の鶏肉を載せてAを混ぜ合わせて塗り、もう1枚のパンでサンドする

4 アルミホイルで包み、熱したスキレットで両面を焼く

キャンプの朝ご飯にぴったり、栄養満点のアメリカンサンド。
外のパンはカリッと、中の具材はとってもジューシー！
思いっきりかぶりつけば、香ばしさが口の中に広がる。
ボリュームもあって一枚でお腹いっぱいに！

ポイント

アルミホイルで包むときは、両端を折り曲げてしっかりと留めること

加熱方法

調理時間 140 min.

調理難易度

生地から作ればとってもおいしい！

フワフワ焼きたてパン

材料（10個分）

強力粉	山盛り2カップ（約300g）
塩	小さじ1
ドライイースト	小さじ1½（約5g）
砂糖	小さじ2
ぬるま湯	1カップ～1カップ強
強力粉（打ち粉用）	適量

作り方

1 大きなボウルに打ち粉以外の材料を全部入れて混ぜる

2 手を使ってこねる。ベタベタをひとつにまとめるようにこねていく。20分くらいこねて、キメ細かな生地になったらひとつにまとめる

3 サラダ油を薄く塗ったボウルに丸めた生地を入れ、ラップをかけて温かいところで発酵させる。2倍に膨らむまで1時間ほど置いておく

4 膨らんだ生地を取り出し、手で押してガスを抜き、生地を10等分して丸めてバットに並べる。濡れタオルを掛け、カバー（ラップ）をして10分休ませる

5 もう一度丸め直して打ち粉をまぶし、温めたDOに並べてフタをする。仕上げの発酵のため、そのまま温かいところで30分置く

6 火に掛けて上下の火で焼く。下火は弱火、上火は中火で15～20分加熱する

おしゃべりしながらみんなでワイワイ。めっちゃ楽しいパン作り。
できあがりは外はパリッ！　中はふんわり！　とってもいい香り。
なかなか難易度の高いダッチオーブンでのパン作りだが、
それだけにうまく焼き上がったときの喜びは格別！

ダッチ上級者向き！

一度は挑戦したいという人が多いパン作りだが、上手に焼き上げるのは結構大変。手間が掛かるのはもちろん、火力調整にも注意が必要。

RECIPE 5

ダッチオーブンで作る

つまみとおやつ

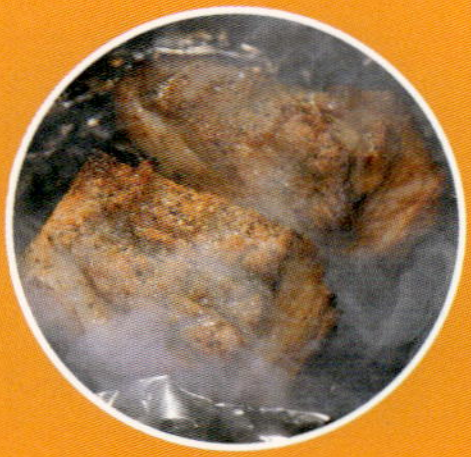

豪快な料理が魅力のダッチオーブンは、
じつは案外小回りも利く。つまみやおやつもお手のもの!
お腹いっぱいになる料理だけでなく、
簡単に作れるおしゃれな〝プチ・メニュー〟も作ってみよう。

DUTCH OVEN

加熱方法

調理時間 25 min.

調理難易度

材料 （4人分）

鶏手羽元肉	12本
タイム	適量
塩、コショウ	各適量
スモークチップ	2〜3つかみ

作り方

1. DOの底にアルミホイルを敷き、スモークチップを並べ、網などで底上げする
2. 鶏肉に塩、コショウをすり込み、タイムを散らして味付け
3. 網の上に鶏肉を載せ、フタをする。上下から弱火で加熱し、キツネ色になるまでじっくりといぶす

チップの上に油受けを用意

チップの上にアルミホイル皿をセットすれば、チキンから出る余分な脂を受け止めてくれる

カリッと香ばしくボリューム満点

スモークチキン

薫製料理もダッチオーブンなら簡単！
スモークのとってもいい香りが辺りを包み込んでくれる。
何気ない料理だけど、その素朴な味付けがおいしさを引き立たせる。
アツアツをガブリといただこう！

簡単＆おいしい、定番の燻製料理

豚バラの熱燻

加熱方法

調理時間 45 min.

調理難易度

材料 （4～6人分）

豚バラ肉(ブロック) 500g～1kg
クレイジーソルト 適量
スモークチップ 大さじ3

作り方

1 スモークチップの上に、豚肉から出る脂の受け皿をアルミホイルで作る

2 その上に網を載せ、豚バラのブロック肉にクレイジーソルトをすり込んでから、網の上に載せる

3 フタをして、上下から炭火で加熱。30～40分ほどいぶし、キツネ色に焼けたら完成

とっても簡単だけど、じつは奥が深～い燻製料理。
色と香りを楽しむ熱燻は、ダッチオーブン料理の醍醐味を感じられる。
高温でチップをいぶし、短時間で作れる豪華な一品。
お好みのチップを使っておいしく作ろう。

ポイント

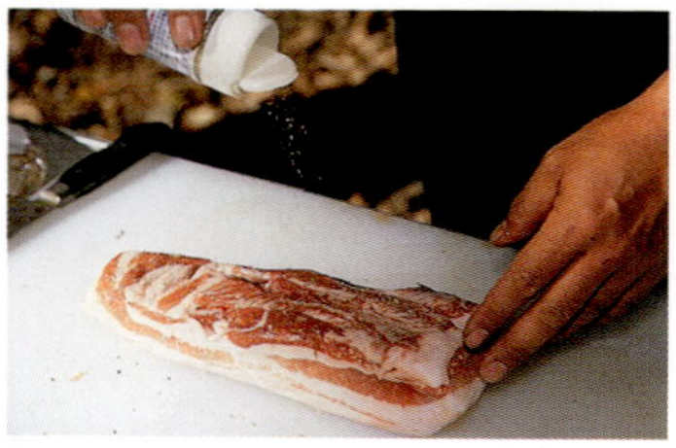

豚バラ肉にクレイジーソルトをすり込むときは、手で揉み込むようにするのがおいしく作るコツ

アウトドアで作るおかずの新定番

焼き餃子

加熱方法

調理時間 20 min.

調理難易度

材料（20～25個分）

豚ひき肉	150g
キャベツ（みじん切り）	3枚
ゴマ油	小さじ1
サラダ油	適量
餃子の皮	20～25枚
塩	ひとつまみ
〈A〉	
ニンニク（みじん切り）	ひとかけ
ショウガ（みじん切り）	ひとかけ
長ネギ（みじん切り）	10cm
〈B〉	
鶏がらスープの素	小さじ1
塩	小さじ¼
コショウ	少々
〈C〉	
水	¼カップ
小麦粉	大さじ½

作り方

1. キャベツに塩をまぶし、しんなりしたら水気を絞る。ひき肉、Aを入れて手でよく揉む。粘りが出てきたらBとゴマ油を加えて混ぜる
2. 1を餃子の皮で包み、皮の周りに水（分量外）を付けて閉じる
3. 熱したスキレットに油をなじませ、2の餃子を並べ、水を入れて、フタをして蒸し焼きにする。最後にCを加えて、皮がパリパリになったらできあがり

"羽"をつけて焼く方法

水でといた小麦粉を流し入れると、皮の周りがパリパリになって"羽"ができる

人気のおかず・餃子をアウトドアでも味わおう！
子どもたちも一緒にワイワイと作れて楽しい。
ごはんのおかずはもちろん、ビールにもピッタリ！
みんなでたくさん作って、たくさん食べよう。

長ネギ1本使い切りメニュー

長ネギのせ豆腐ステーキ

加熱方法

調理時間 10 min.

調理難易度

材料 (4人分)

長ネギ	1本
ゴマ油	大さじ1
ラー油	大さじ1
ショウガ(みじん切り)	適量
塩	小さじ¼
酢	大さじ1
豆腐 (300g)	1丁

作り方

1. 長ネギは斜めに薄切りにする。豆腐は水切りして厚さを半分に切る
2. DOにゴマ油とラー油、ショウガを入れて加熱。香りがしてきたら長ネギを入れてしんなりするまで炒め、酢と塩で味を調える
3. 一度、DOをきれいに洗い、ゴマ油を熱して水切りした豆腐の全体をじっくりと焼く。焦げ目がついたら器に入れて2を載せる

短時間で作れる簡単メニュー。
酸っぱ辛い味とトロトロのネギの甘みがベストマッチな一品。
とってもヘルシー。なのにお腹はいっぱいに！
お酒のおつまみにも、メインディッシュとしてもバッチリ。

ポイント

豆腐は表面がキツネ色になるまで、よく焼き色を付ける

加熱方法

調理時間 100 min.

調理難易度

ぐつぐつ煮込むほどおいしい

味噌煮込みおでん

材料（4人分）

大根（小）	½本
スペアリブ	4本
ゆで卵	4個
タコ足	4本
おでんだね(好きなもの)	適宜
昆布(長さ20cm)	2枚
水	10カップ
〈A〉	
味噌	大さじ3〜4
酒	½カップ
みりん	¼カップ
砂糖	大さじ2

作り方

1. 水10カップに昆布を入れて、弱火で10分ほど沸騰させないように煮出す。だしが出たら昆布を取り出す
2. DOにスペアリブを入れて強火に掛け、煮立ったら弱火にし、アクを取りながら30〜40分ほど煮込む
3. スペアリブが柔らかくなったらAと厚さ2cmに切った大根、だしを取った昆布、ゆで卵を入れて15分ほど煮込み、最後にタコ足とおでんだねを加えて、弱火でさらに20〜30分煮る

冬の定番、おでんにちょっとひと工夫を加えてみよう。
味噌を加えたおでんは、時間を掛ければ掛けるほど、味が染み込んで激ウマ！
作り方だって簡単。下準備を頑張れば、後は煮込むだけ。
鍋を囲んでみんなでワイワイと楽しみながらいただこう。

食材を入れる順番

煮込み始めるのは、味が染み込みにくい食材から。肉が最初で、卵や大根を入れ、最後に練り物。ジャガイモなど煮崩れするものも後。

予想外!? 意外なおいしさにびっくり！

イチゴピザ

ビタミンCが豊富なイチゴを使ったデザート風ピザ。
甘いはちみつと粗挽きコショウの辛みがベストマッチ！
これぞ〝大人のおやつ〟。
見かけによらずとってもおいしいから、ぜひチャレンジを！

加熱方法	
調理時間	20 min.
調理難易度	

材料（直径22cmピザ1枚分）

ピザ台（市販品）	1枚
オリーブ油	大さじ½
イチゴ	5〜6粒
モッツアレラチーズ	½個
粗挽き粒コショウ	適量
パセリ(粗みじん切り)	適量
はちみつ	適宜

作り方

1. ピザ台にオリーブ油を薄く塗り、ヘタを取り縦半分に切ったイチゴを載せる
2. 1の上にちぎったモッツアレラチーズを散らし、粗挽き粒コショウをたっぷりと振り掛ける
3. 予熱したDOにアルミホイルを敷き、フタをして上下火で10〜15分焼く。焼き上がったらパセリを散らし、はちみつを掛ける

ポイント

生地全体にオリーブ油を薄く塗ってからイチゴをたっぷり載せよう

オーブンのように上下から加熱。すぐに焼けるから焦げないように注意しよう

加熱方法

調理時間 20 min.

調理難易度

心安らぐデザートはいかがですか？

ふわふわたまごプリン

材料 （4人分）

卵	1個
牛乳	1カップ
生クリーム	大さじ2
砂糖	¼カップ
〈カラメルソース〉	
砂糖	¼カップ
水	大さじ1
熱湯	大さじ1½

作り方

1 ボウルに卵を溶き、砂糖を加えて混ぜ合わせる。人肌に温めた牛乳に生クリームを追加

2 1を混ぜ合わせてザルでこし、容器に入れる

3 DOに水（分量外）を入れて沸かし、2を並べ入れてフタをする。本体とフタの間にハシなどを挟んで隙間を作り、約15分蒸す

4 DOに砂糖と水を入れて中火で加熱。揺すりながら焦がし、カラメル色になったら熱湯を加えてカラメルソースが完成。蒸し上がった3のプリンに掛ける

子どもに大人気のデザート・プリンをアウトドアで作ろう。
ダッチオーブンならすぐに蒸し上がるからとっても簡単！
ほんのりと甘く、そしておいしく仕上がりますよ。
あつあつでふわふわ、新食感のプリンはいかが？

網を敷いて蒸す

ダッチオーブンに網を敷き、容器に流し込んだプリンを入れる

子どもでもできる簡単料理

おやつホットサンド

加熱方法

調理時間 10 min.

調理難易度

材料 （4人分）

食パン（サンドイッチ用） 16枚
バター（またはマーガリン） 適量
〈挟むもの例〉
ジャム、チョコシロップ、バナナ、イチゴ、はちみつなど

作り方

1. 食パンの片面にバターを塗り、ジャムやフルーツを載せる
2. 四辺に水（分量外）を薄く付け、上にもう一枚の食パンを載せる
3. 四辺を菜箸や棒で上からギュッと押さえて、2枚がはがれないようにする。DOを熱して、弱火で両面焼く

ポイント

食パンにバターを塗ってから、お好みのフルーツなどを挟もう

中身が出ないように、食パンの四辺を棒などでしっかり押さえるのがコツ

食べたいときにすぐ作れるホットサンド。
甘いジャムやチョコシロップ、季節の旬のフルーツなどを挟んでみよう。
ほんのりと焦げ目がついてきたときが食べごろ！
子どもたちと一緒に楽しみながら作ってみてはいかが？

昔懐かしいおばあちゃんのおやつ

ゴマ揚げパン

加熱方法

調理時間 10 min.

調理難易度

材料 （8個分）

食パン（8枚切り）	1斤
練りゴマ	大さじ2
砂糖	小さじ1
煎りゴマ	小さじ1
揚げ油	適量

作り方

1. 食パンはミミを切り落とし、三角になるよう半分に切る
2. 練りゴマと砂糖を混ぜ合わせて食パンに薄く塗る
3. 指で端に水（分量外）を塗り、2枚重ねにする。はがれないようにフォークの先で押さえながら綴じる
4. DOに揚げ油を深さ1cmほど入れて熱し、3の両面に煎りゴマをまぶして、カリッとなるまで揚げて油を切る

ポイント

練りゴマは薄く塗るのがコツ！　多過ぎるとはみ出てしまうので塗り過ぎに注意

パンを2枚重ねにしたら、はがれないように端をフォークを使って綴じる

子どものころを思い出す懐かしい揚げパン。
カリッとサクッとおいしいおやつ。作り方もカンタン！
アツアツのできたてはもちろん、冷めてもおいしいぞ。
子どもたちと会話をしながら一緒に作ってみてはいかが？

DUTCH OVEN COOKING PERFECT MANUAL

ダッチオーブン クッキング

アウトドア万能鍋《ばんのうなべ》使《つか》いこなし完全《かんぜん》マニュアル

2016年４月１日　初版第１刷発行

編集／月刊《げっかん》ガルヴィ編集部《へんしゅうぶ》
発行者／増田 義和

発行所／実業之日本社
〒104-8233　東京都中央区京橋３丁目７番５号 京橋スクエア
電話　03-3535-5413（編集）
　　　03-3535-4441（営業）
ホームページ　http://www.j-n.co.jp/

印刷・製本／大日本印刷株式会社

Printed in Japan
ISBN978-4-408-02610-7
（ガルヴィ）

★メーカー問い合わせ先／
エイアンドエフ　TEL 03-3209-7575
コールマン ジャパン　0120-111-957
ロゴスコーポレーション　TEL 06-6681-8204
キャプテンスタッグ　TEL 0256-35-3117
新越ワークス　TEL 03-3264-8311
スノーピーク　TEL 0256-46-5858
ジャパーナ　TEL 052-559-1011
新富士バーナー　TEL 0533-75-5000
山善　TEL 03-6240-1571
ストウブ　0120-75-7155
及源鋳造　TEL 0197-24-2411
岩鋳　TEL 019-635-2501

※紹介商品の価格・データは、2016年３月１日現在のものです。
変更されることもありますが、あらかじめご了承ください。

写真／佐藤 弘樹、細川 隆平、柳沢 かつ吉、中里 慎一郎
イラスト／岡本 倫幸